管理学越简单越实用

谭慧 / 编著

中国华侨出版社
北京

　　管理学是系统研究管理活动的基本规律和一般方法的科学，它是人类近代史上发展最迅速、对社会经济发展影响最为重大的一门学科。管理是一门高深的艺术，任何经营结果的取得，都源于管理。管理直接影响着一个企业的兴衰成败，这是现代企业需要面对的一个不争事实。可以说，企业竞争的本质就是管理水平的较量。为此，掌握管理的妙法，必将对企业的良好运作和稳步发展起到决定的作用。

　　现在，管理者面对的世界已经发生了很大变化，管理者凭借自己的想象力去管理企业的时代已经结束。管理是一个系统的工程，而管理学更是一门真正的科学。一名出色的管理者除了要有严谨务实的心态，还要具备多方面的职业素质。

　　作为一个管理者，每天都应该学点管理学，不仅要在管理知识上获得增长，更重要的是，通过学习体现出积极向上、竭力促进企业发展的精神。如果不学习，或者满足现状，管理工作就会出现问题。如果不懂管理学，管理者会使组织失去灵魂和生命。

　　本书内容精练，讲解透彻，可以有效帮助管理者掌握更切合实际的各种管理方法，在管理过程中少走弯路，使管理的过程更顺畅。所有管理学知识的出发点都是为了让个人和团体变得更有效率，更加出色，管理者所需要做的就是理解并实践这些知识，让他们从书本走入生活。

管理工作不是一朝一夕的事，管理时效的取得也不是立竿见影的。领导者和管理者如果能在深入阅读本书的基础上开动脑筋，理论联系实际，对显示生活中的疑惑进行深入思考，将理论和实践相结合，并在实践中完善发展自己的管理观念，日积月累，必将在错综复杂的局势下，将管理工作做到左右逢源、如鱼得水的境界，并能成功应对各种危机，化解各种难题，成为出色的管理者。管理学与人们的工作和生活有着非常紧密的联系，应用十分广泛，所以在当今社会，学习管理学与每个人都有着重要的意义。本书对每个想要掌握管理学知识的读者有大有裨益，即使你现在是一个初学者，一个渴望掌握管理能力的普通人，你也能从本书中得到帮助，在管理方面获得新的突破。

目录

第一章 战略管理：

提高竞争力，将企业做大做强

第二章 决策管理：

分得清重要事情和紧急事情

第三章 **营销管理：**
让客户掏钱变得更主动

第四章 **人事管理：**
把人管好，把事做好

第五章 目标管理：

用目标激励员工成长

管理学越简单越实用
GUANLIXUE YUEJIANDANYUESHIYONG

第八章 **制度管理：**

制度管人，流程管事

第九章 绩效管理：
以结果为导向来考核

战略管理：
提高竞争力，将企业做大做强

战略性错误不能犯

中国著名营销专家何学林指出："战略性错误是不能犯的，一个战略性错误可能导致整个企业全军覆没，整个人生一败涂地，而且永无东山再起之日。"

20世纪80年代，日本制造是世界的旗帜，索尼、松下、丰田等企业成为世界级品牌，美国制造则节节败退。就在这个时候，美国以IBM为首的公司开始生产个人计算机及各种配件。美国公司首先找到日本人，问是否愿意给美国代工。日本的企业集体反对，只有NEC做了规模不大的投入。于是美国又去韩国和中国台湾寻找，把辅助产品交给其代工。结果，韩国的三星、LG得以迅速崛起；中国台湾新竹工业园也大规模地生产电脑配件，成为世界最大的代工基地。日本的企业很后悔，在笔记本市场奋起直追，最后在整个电脑硬件领域只有这块市场有一席之地。

20世纪90年代，美国开始了互联网的建设，美国企业再次找到了日本，日本人觉得互联网只适合于军事应用，再次集体选择了放弃。在如今的互联网世界里，韩国和中国远远走在了日本的前面。

日本曾经是全球领先的游戏产业大国，但曾独领风骚出品了无数款风靡全球游戏的日本游戏业，在网络游戏时代来临时却反应迟钝，坚守在以掌机、家用机为主的电子游戏市场。韩国近些年抓住机遇，在网游市场中独树一帜，不仅独霸本国市场，还在亚洲各国不断拓展市场。

中国网络游戏厂商们也凭借着多年来艰苦卓绝的努力获得了立足之地。在人才储备、游戏策划、程序开发等方面有着强大实力的日本游戏厂商则逐步落伍，虽然后来为进军网络游戏做出过诸多的努力，无奈最后皆以失败告终。

两次战略决策失误使得日本在全球的IT潮流中远远落后，现在日本的优势仍在工业制造，与处在知识经济时代的美国相比，它已经落后了一个层次。

爱尔兰自20世纪90年代中期以来，国民经济持续高速增长。目前，爱尔兰已经超过美国成为世界上最大的软件出口国，在欧洲大陆出售的软件产品中，有60%产自爱尔兰。从昔日的"欧洲农村"一跃成为"欧洲软件之都"，这主要得益于爱尔兰从20世纪70年代起实施的"科教兴国"战略。现在，爱尔兰已步

◇ 战略指引企业发展航向 ◇

企业发展战略的最大使命就是保持企业行驶在正确的航道上。如何判断战略是否行驶在正确的航道上？

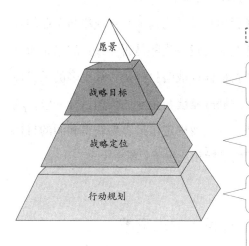

战略航向的判定

我们想成为一个什么样的企业？

要成为想象中的企业，我们的阶段目标是什么？

我们将如何发展？

要实现这样的目标，我们需要采取什么样的步骤和行动措施？

柯达：战略错误的惨痛教训

柯达曾是世界上最大的影像产品的生产和供应商，但因满足于传统胶片产品的市场份额和垄断地位，对数字技术和数字影像产品的冲击反应迟钝。

2012年1月19日，拥有131年历史的相机制造商柯达公司（EK）正式向法院递交破产保护申请。

把最后一张胶片留给自己

入欧洲富裕国家的行列，这是正确战略的威力。

所有企业制定战略时都不能草率，都要对所处历史时期的特有经济规律有深刻把握，对宏观环境和行业动态有透彻理解，对竞争对手和自身竞争能力有深入了解。

检验企业发展战略是否出现偏颇的角度有：战略与企业的长期目标是否一致；战略与企业的竞争优势是否一致；战略是否突出了企业的目标市场和消费群体；战略目标是否被更多的子目标所分解。一般而言，企业发展战略会与企业的长期目标一致，能够发挥出企业的竞争优势，为企业确定出最容易获得利润的目标市场，并且被分解成阶段性目标和众多子目标。

在商业理论上寻求突破

在20世纪70年代，通用汽车、福特和克莱斯勒无论是质量、款式还是价格上，都不差于日本车，但这些美国汽车的市场份额仍然在不断地被日本对手一步步地蚕食着。美国汽车这三巨头已经极大地降低了成本，福特的一些汽车厂甚至已经成为全球成本最低的汽车厂。可是在优秀日本企业赢利的同时，这三大汽车巨头却亏损不止。

造成美国汽车工业窘状的根本原因就是其商业理论的过时。在20世纪70年代初期，中东战争爆发，全球爆发金融危机。这为一直对美国市场伺机而动的日本汽车公司创造了机会。尽管经历了连续快速增长的日本汽车工业也受到了这次石油危机带来的影响，在 1974 年出现自 1965 年以来的首次负增长，但在那一年，日本汽车率先掉头，它们减少了对耗油量大的大型汽车的投入，转而全力发展节能小型车。

小型车开辟了新的市场蓝海，因为其特别省油，受到了深受石油危机困扰的欧美民众的热烈欢迎。1976 年日本汽车出口达到250 万辆之多，首次超过国内销量。三巨头这时才如梦方醒，开始重金投入开发省油的小车型。

其实在日本汽车大举进入之前，它们并不是没有发现小型车的市场需求，但为了不在原有的竞争格局中率先发生变化，它们三家中的任何一家都没有对这种车型足够重视。它们依然认为豪华的大型车是市场主流。它们的麻痹大意使日本抢占了先机，因为错失这片蓝海，美国三巨头损失惨重，三个巨头中实力较弱的克莱斯勒公司险些因此而破产。

西班牙的著名时装品牌 ZARA 的做法特别具有指导意义。

虽然面对着欧洲高昂的劳动力成本，但 ZARA 依然选择了在欧洲生产。为什么呢？因为劳动力成本只占了整条产业链的 25%，劳动力成本在整条产业链中并不重要。真正能节省成本的是产业链的高效整合，这才是符合现代商战的新理论。

ZARA 为了加快运输的速度，它的物流基地挖了 200 公里的地下隧道，用高压空气运输，速度奇快无比。它用飞机而不是轮船将成品运送到上海和香港，虽然飞机的运费很高，但是高效整

◇ 商业理论需要不断创新 ◇

　　创新，是现代企业增强核心竞争能力，获得跨越式发展，实现持续成长的决定性因素。企业管理者必须要把握商业发展的新趋势、新要求，不断进行理论创新，把创新渗透于整个运营过程中。

延续了数千年的传统门店营销模式。

电视普及后，出现了电视营销模式。

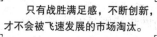

只有战胜满足感，不断创新，才不会被飞速发展的市场淘汰。

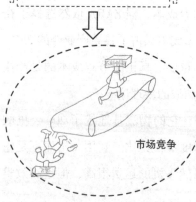

市场竞争

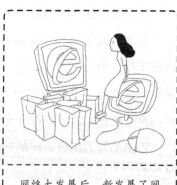

网络大发展后，新发展了网络营销模式。

合下来，总成本还是降下来了。

更令人叫绝的还有另外两招。第一招是，它有意减少需求量最大的中号衣服，故意弄成供不应求的假象。当各位爱美的女性想买中号衣服却买不到的时候，相反会更进一步勾起她们的购买欲。毕竟，人都是这样的，越是得不到的东西却越觉得是好的。这样不但加快了周转率，同时吸引了更多的客户。

更令人跌破眼镜的是它的第二招：放弃自主创新！假设它一共向市场推出了100件衣服，前天卖了12件，昨天卖了6件，今天卖了7件，它就根据这三天卖掉的衣服的共性来设计衣服，根据趋势变化稍作修改，而不要创新。这样不但大幅度缩减了产品设计的速度，而且可以在市场需求产生变化之前迅速推向市场，抓住市场动脉。而其设计的衣服推向市场的时间不会超过12天。这种新的商业理论就叫作"市场快速反应"。这种比较前沿的商业理论使得它的衣服总是最新潮、最受消费者的喜爱。

从中国企业的现实情况来看，经验管理仍然是中国管理者者管理企业的主流，企业的成败在很大程度上取决于管理者的经验、经历和能力。中国管理者迫切需要进行管理上的创新变革。企业的稳定经营最终还是要靠一套规范化的管理制度。

管理方式本身并没有好坏之分，只是在不同的企业、不同的环境、不同的历史阶段中所使用的管理方式是不同的。对于很多企业来说，管理创新极其关键，经营管理模式能否形成新的突破，决定了企业究竟能走多远。

以利润为目标会被误导

只强调利润目标，将会误导管理者，甚至危害到企业的生命。因为管理者会为了眼前的利润，而毁掉企业的未来。他们也会拼命去扩张那些目前销售最好的产品生产线，却忽略那些未来市场的重要商机。

追求利润是每个企业都不能忽视的目标，但企业不能一味强调利润，领导者管理企业要平衡各种需要和目标，利润只是一种比较重要的目标，企业为了战略需要、长远发展，都不会把利润作为第一目标。过度强调利润，就会使管理者重视短期利益，为了今天的利润，不惜牺牲明天的生存。一个不择手段的企业很难建立信誉，一个只重视眼前利益的管理者也很难取得大的成就。

德鲁克把一味强调盈利看成管理中最愚蠢和糟糕的办法。然而环顾现实生活中的管理者，一味强调盈利性的大有人在。很多企业，为了利益不惜损害企业的信誉和形象，甚至铤而走险，肆意践踏法律、道德。前几年频繁出现的毒奶粉、毒大米，各类的假烟假酒，以及黑煤窑、黑砖窑等，这些现象都充分说明，任何企业的管理者都不能把利润作为第一目标，都不能只重眼前利益，犯短视的毛病。

不强调盈利性，本质上体现的是管理者的一种品格和修养、一种眼界和视野。

这是发生在"一战"时奥地利的一个故事：有一位先生非常喜欢美术作品，他拼命工作、节衣缩食，就是为了多收藏几幅名画。皇天不负有心人，数十年来，从伦勃朗、毕加索到其他著名画家的作品，他应有尽有，收藏颇丰。

这位先生早年丧妻，只有一子。时光流逝，当奥地利卷入战争，他依依不舍地送走了远赴战场的儿子。两个月后，他收到了一封信，信上说："我们很抱歉地通知您，令郎在战争中牺牲了。"儿子是为了背回受伤的战友，而被敌人的子弹打中。这个消息对他而言无异于晴天霹雳。

老人一下子苍老了很多，终日在家发呆。就在此时，有一个和儿子同龄的年轻人登门造访。原来这就是他儿子舍命搭救的战友。他说："我知道您爱好艺术，虽然我不是艺术家，但我为您的儿子画了一幅肖像，希望您收下。"老先生泪流满面，他把画挂在大厅，对年轻人说："孩子，这是我最珍贵的收藏。"

一年后，老先生郁郁寡欢而终。他收藏的所有艺术品都要拍卖，消息传开，各地的博物馆馆长、私人收藏家及艺术品投资商们纷纷慕名前来。

拍卖会上，拍卖师坚持先拍卖老人儿子的画像。他说："这幅画起价100美元，谁愿意投标？"会场一片寂静。他又问："有人愿意出50美元吗？"会场仍然一片寂静。这时有一位老人站起来说："先生，10美元可以吗？我虽没有多少钱，但我是他家的邻居，从小看着这个画中的孩子长大，说实话，我很喜欢这个孩子。"拍卖师说："可以。10美元，一次；10美元，两次；好！成交！"

会场立刻一片沸腾，人们开始雀跃，认为名画的拍卖就要开始了。可拍卖师却说："感谢各位光临本次拍卖会，这次的拍卖会已经结束了，根据老先生的遗嘱，谁买了他儿子的画像，谁就能拥有他所有的收藏品。"

所有的人都是为了利益才去参加拍卖会的，然而，所有把利益放在第一位的人，都不能得到那些珍品。作为管理者，当然不能相信天上会掉馅饼，更不会认为"天下会有免费的午餐"，但做企业，既不能指望偶然的机遇，也不能完全靠利润来支撑，只考虑盈利的企业，必定是做不强、做不大、做不久，也无法让顾客信任的企业。

德鲁克说："当一般的生意人被问道什么是企业时，他们的答案通常是企业是盈利的组织，一般的经济学家也会这样回答。"然而，这个答案不仅大错特错，而且答非所问。利润和获利率并不是不重要，实际上获利率不是企业及商业活动的目的，只能算是一个限制性的因素。利润也不是所有企业从事活动与决策的原因或理由，而是检验企业效能的指标。

不以利润为目标，就避免了企业为了追求利润而失去绝佳的商业机会。阿里巴巴的创始人马云觉得一个伟大的公司当然也需要赚钱，但是光会赚钱的公司不是伟大的企业。阿里巴巴最重要的原则之一，就是永远不把赚钱作为第一目标。他觉得伟大的公

◇ 战略定位要以社会价值为导向 ◇

战略型社会责任就是寻找能为企业和社会创造共享价值的机会。只有通过战略性地承担社会责任，企业才能对社会施以最大的积极影响，同时收获最丰厚的商业利益。

基于社会责任的战略制定准则

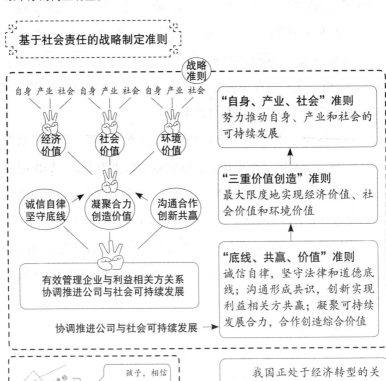

战略准则

自身 产业 社会　自身 产业 社会　自身 产业 社会

经济价值　社会价值　环境价值

诚信自律
坚守底线　凝聚合力
创造价值　沟通合作
创新共赢

有效管理企业与利益相关方关系
协调推进公司与社会可持续发展

协调推进公司与社会可持续发展 →

"自身、产业、社会"准则
努力推动自身、产业和社会的可持续发展

"三重价值创造"准则
最大限度地实现经济价值、社会价值和环境价值

"底线、共赢、价值"准则
诚信自律，坚守法律和道德底线；沟通形成共识，创新实现利益相关方共赢；凝聚可持续发展合力，合作创造综合价值

我国正处于经济转型的关键时期，许多企业的社会责任观念尚未完全树立，不能自觉履行社会责任。2008 年，三鹿公司被曝光在其奶粉中添加了化工原料三聚氰胺，致使数万名婴幼儿的健康受损。

司首先能为社会创造真正财富和价值，可以持续不断地改变这个社会。

很多企业家在刚开始创业的时候，就把为众人服务作为奋斗的目标。譬如比尔·盖茨，他在创业之初就是把"让千万人都用得上电脑软件"作为目标；再如山姆·沃尔顿，他发誓要建立一种既便利又廉价的商业形态，沃尔玛成为实现他这一理想的工具；又如马云，他刚开始创业的使命是"让天下没有难做的生意"。当然，光有一种使命是不行的，必须产生财富，这样，自身创造的价值才可以得到人们的认可。

马云认为，如果要说创造价值和赚钱哪个重要，他会说都重要，但是一定要问哪个更重要，则创造价值更为重要。如果创造了价值没有钱，这个价值根本不是价值。如果创造了这个价值结果没人愿意付钱，这是垃圾，给社会创造的不是价值，而是垃圾。

中国雅虎总裁曾鸣曾用"大舍大得"来概括阿里巴巴的战略选择，他认为马云为了实现使阿里巴巴成为世界上最好的电子商务平台的战略目标，一直"舍得"让新成立的业务处于战略亏损状态。放弃暂时的利润，旨在创造社会价值的理念，使得马云把握住了互联网的命脉。也正是基于这种对电子商务的坚定信念，阿里巴巴成为了世界十大网站之一。

制定战略以利润为导向就会被误导，甚至可以说以利润为目标是错误的。做企业，只有多考虑未来的长远发展，才能逐渐做大做强。

任何目标都必须被执行

无论如何，我们必须明确一点，任何伟大的战略构想，都得落实，这需要优秀的管理机制和管理方法，管理者必须将目标用合适的方法运用到企业的实践中。

目标是行动的承诺，作为企业的基本战略，目标必须被落实到企业实践中，任何目标都必须被执行和应用。德鲁克认为，有效的目标绝不是美好的愿望，倘若如此，那么企业的目标就形同废纸。因此，任何抽象的目标都必须转化为各项具体的工作，这种工作应该有期限，可以考核并有特定的责任者。

一个缺乏执行力的管理者不是一个合格的管理者，一个不能被达到的目标不是一个有效的目标。好的目标必须具有可操作性，只有在运用中才能真正体现目标管理的价值。目标管理的优势就在于，能够有效地提高工作效率。好的目标关键在于落实，在于执行，而运用就必须要有方法，将目标应用得最为成功的国内企业是海尔集团。

海尔集团董事长张瑞敏根据德鲁克的目标管理理论，结合海尔的实际，提出了著名的OEC管理法。OEC管理方法也叫日清日高管理法，它是英文Overall Every Control and Clear的缩写，其含义是全方位对每人、每天所做的每件事情进行控制和清理，并要求每天都有所提高，做到"日事日毕，日清日高"。具体地讲，就是企业每天所有的事情都要有人管，做到管理不漏项；所有的

◇ 目标管理是战略实现的保障 ◇

目标管理是以目标为导向，以人为中心，以成果为标准，而使组织和个人取得最佳业绩的现代管理方法。

目标逐层分解

```
企业目标 ──细分化──┐
                  ↓
保证措施 ──具体化──→ 车间目标 ──细分化──┐
                                      ↓
                    保证措施 ──具体化──→ 工段目标 ──细分化──┐
                                                          ↓
                                      保证措施 ──具体化──→ 个人目标
                                                          │
                                                    保证措施
```

自上而下的层层分解

自下而上的层层保证

没有目标 就没有命中率

目标管理使每个人对他所在组织的绩效都可以做出明确而具体的贡献。如果所有人都实现了各自的目标，他们组织的整体目标也就能够实现。

人均有管理、控制内容，并依据工作标准对各自控制的事项，按规定的计划执行，每日把实施结果与计划指标进行对照、总结、纠偏，达到对事物发展的过程日控、事事控制的目的，确保事物向着预定的目标发展。

OEC 管理法促使企业以及每位员工、每项工作都能自我设定目标、自我发展、自我约束，并实现良性循环。这一方法可以概括为：总账不漏项，事事有人管，人人都管事；管事凭效果，管人凭考核。其中，总账不漏项是指把企业内部所有的事物按照事与物分成两类，建立总账，使企业正常运行过程中所有的事和物都能在控制网络之内，确保体制完整不漏项，从而有利于全面的目标管理。事事有人管、人人都管事是指将总账中所有的事与物通过层层细化设定目标，并落实到各级人员，由此制定各级岗位职责以及每件事情的工作标准。为达到事事控制的目的，每个人根据其职责建立工作台账，明确每个人的管理范围、工作内容，每项工作的工作标准、工作频度、计划进度、完成期限，等等。管事凭效果、管人凭考核是指任何人在实施过程中，必须依据总台账的要求，开展本职范围内的工作。这就使每个人在相对的自由度下可进行有创造性的能力发挥，力求在短时间内完成各自标准甚至高于标准的各项工作。

海尔集团的 OEC 管理体系由三个基本框架构成，即目标体系、日清控制体系和有效激励体系。

通过完整的管理体系，海尔集团将企业目标有效分解，并层层落实到每一个员工身上。从目标的设定，到目标的控制，再到目标的考核，每一个阶段，目标都能被有效执行。这样就大大提高了员工的工作效率和绩效，并有效地将企业的绩效和员工的个人工作成果统一起来。正是由于海尔建立了科学的目标管理体系并有效地应用了目标，海尔才能快速、持续、健康地发展。

由于海尔的OEC管理充分关注了管理中人的因素，因此目标的执行就不是刻板严肃的数字和制度，而转化成员工空前高涨的工作热情。海尔集团洗衣机海外产品经理崔淑立将"日清日高"管理法创造性地转化为"夜半日清"就是一个典型案例。

崔淑立刚接手管理美国市场时，同事们都说："拿下美国B客户非常难！"因为前任各产品经理在这位客户面前都业绩平平。

真这么难吗？崔淑立不信这个邪。这天，崔淑立刚上班就看到了B客户发来的要求设计洗衣机新外观的邮件。因时差12个小时，此时恰好是美国的晚上，崔淑立很后悔，如果能即时回复，客户就不用再等到第二天了！从这天起，崔淑立决定以后晚上过了11点再下班，这就意味着可以在当地上午时间里处理完客户的要求。

三天过去了，"夜半日清"让崔淑立与客户能及时沟通，开发部很快完成了新外观洗衣机的设计图。就在决定把图样发给客户时，崔淑立认为还必须配上整机图，以利确认。当她"逼着"自己和同事们完成"日清"——整机外观图并发给客户时，已经是晚上 12 点了。大约凌晨 1 点，崔淑立回到家，立刻打开家中电脑，当她看到客户的回复："产品非常有吸引力，这就是美国人喜欢的。"她顿时高兴得睡意全无，为自己的"夜半日清"产生效果而兴奋不已！

样机推进中，崔淑立常常半夜醒来打开电脑看邮件，可以回复的就即时给客户答复。美国那边的客户完全被崔淑立的精神打动了，推进速度更快了，B 客户第一批订单终于敲定了！

其实，市场没变，客户没变，企业的目标没变，拿大订单的难度也没变，改变的只是一个有竞争力的人——崔淑立。崔淑立完全有理由说："有'时差'，我没法当天处理客户邮件。"但她只认目标，不说理由。崔淑立说："我从中感受到的是自我经营的快乐！有'时差'，也要日清！"

好的目标需要好的方法来落实，好的方法更需要优秀的人去贯彻。海尔通过将目标管理有效地移植，充分地提升了员工的工作境界，使员工以主人翁的精神去经营工作、满足客户需求和创造业绩。

中国有那么多的企业，为什么缺少优秀的企业家，缺少优秀的员工呢？关键在于管理机制，在于管理方法。目标管理的优势不言而喻，为什么执行就那么困难？为什么目标只停留在口头上，而无法落实到行动中？所有的管理者、决策者都必须深入反思这些困扰中国企业发展的基本问题。但无论如何，我们必须明确一点，任何伟大的战略构想，都得落实。

果敢放弃没有前景的任务

管理者能否做到相机行事，一个很重要的前提，就是是否敢于决策。敢于决策，能够抓住时机，顺势而为；决策时犹豫不决，就会贻误战机。关键时候，企业管理者要敢于做决定，甚至要敢于革自己的命。

1984 年，由于受日本厂商的猛烈进攻，英特尔存储器业务开始衰退。它生产出的产品像山一样堆积在仓库里，资金周转困难，英特尔陷入困境。幸好后来总裁安迪·格鲁夫创立了目标式管理方式，撑住了英特尔运营的轴心，而且微处理器业务也逐渐成熟起来。

有一天，安迪·格鲁夫与英特尔董事长摩尔讨论公司困境。当时，他问摩尔："如果我们下台了，另选一位新总裁，你认为他会采取什么行动？"摩尔犹豫了一下，回答道："他也许会放弃存储器业务。"安迪·格鲁夫说："那我们为什么不自己动手？"一年后，安迪·格鲁夫提出了新的口号："英特尔，微处理器公司。"英特尔顺利地渡过了危机。

安迪·格鲁夫领导了英特尔这次生死攸关的大转折。后来，他为了向员工解释公司新的战略目标，亲自与公司的高层管理人员、中层经理和基础员工接触，竭尽全力地与他们交流沟通，表明他的意图。而且他还每天花上两个小时，通过电子邮件做员工的思想工作。最后，安迪·格鲁夫成功了，1987 年，他头上又新添了一个重要的头衔：英特尔 CEO。也就是说，他成了英特尔名副其实的掌舵人。

格鲁夫时常思考这样一个问题：领导人为何常常没有勇气去领导别人？格鲁夫认为，这让人很费解。格鲁夫渐渐发现，可能是由于领导人必须在同事和员工在喋喋不休地争论该走哪条路时，领导人必须在他们之前做出决定。而这个决定必须果断、明

◇ 战略方向需要适时调整 ◇

战略调整是企业经营发展过程中对过去选择的目前正在实施战略方向或线路的改变。是一种特殊的决策，是对企业过去决策的追踪。

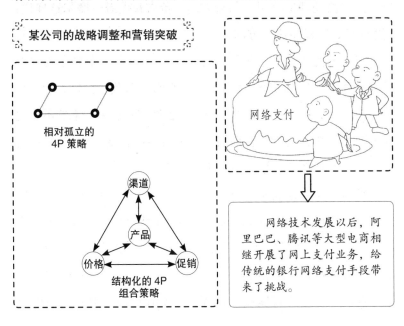

某公司的战略调整和营销突破

相对孤立的
4P 策略

渠道

产品

价格 促销

结构化的 4P
组合策略

网络支付

网络技术发展以后，阿里巴巴、腾讯等大型电商相继开展了网上支付业务，给传统的银行网络支付手段带来了挑战。

确，并且它的成败要多年之后才能看到成果。可以想象，这无疑需要十足的信心和勇气，对领导人来说，这是一次严峻的考验。

进行公司战略转型时，公司将从过去的形象向未来的形象做根本性的转变。这个过程之所以会十分艰难，是因为公司今天成形的各个部分都是在过去长时间建造的。如果你和你的员工过去经营的是一家计算机公司，你能想象把它变成软件公司会遇到什么样的情况吗？如果你们原来经营的是半导体业务，那么它突然变成了微处理器公司又会怎样呢？可以确定的是，为了在战略转折点中求得生存，一些管理层的人员需要更换。

英特尔在进行战略转型时，曾经开过一个经理会议，讨论英特尔的"微处理器公司"的新方向。董事长戈登·摩尔这样说："我们若是认真朝这个方向走，5 年之内，我们的行政领导中有一半将转变为软件型的领导。"言下之意，是说，英特尔现在的行政管理层，若不转变专业方向，就要被人替代。格鲁夫扫了整个房间的人员一眼，心中想：今后谁去谁留？后来，果然不出戈登·摩尔所料，英特尔管理层的人员有一半转变了他们的方向，另一半人不愿改变则离开了公司。

带领企业跨越战略转折点，有点像在陌生的草地行军一样。企业的新规则还没有完善起来，有的只是刚刚建立，有的闻所未闻。这时候，在你和同伴的手里没有新环境的指南针，你也不清楚自己的目的地究竟在何方。

事情有时会出现紧张的局面，常常在历经战略转折点的时候，最可能出现手下人失去对你的信心的情况，并且你也可能失去对其他人的信心。比这更糟的是，你的信心受到极大打击。管理层的人互相埋怨，内部矛盾不断涌现，争论战不断升级，前途渺茫而不知所措。

这时，作为管理者，必须时刻注意到新方向的召唤。虽然这时你的公司可能已经士气低落、人心疲惫，公司维持到今天已消耗你大量的精力，但是这时你必须找到补充精力的方法，激起你自己和手下人的热情，恢复往日的战斗力。

格鲁夫提醒企业管理者，把自己和自己公司正在拼命征服的穷山恶水看作死亡之谷——只能成功，不能失败，不然就意味着灭亡。它是战略转折点中的必经之地。你无处可逃，也无法改变其凶险的面目，你唯一能做的就是坚定自己的目标，想出有效的办法来克服它，从而引领企业走向更大的辉煌。

以科学计划成就未来

被誉为"艺术天才"的纪伯伦曾经说："我宁可做人类中有梦想和有完成梦想计划的、最渺小的人，而不愿做一个伟大的、无梦想的、无计划的人。"孙子生活在公元前500多年的中国，纪伯伦在20世纪初期活跃在地中海东岸，两个毫无交集的人却看到了同样重要的一个事实：计划对于人生来说，如同阳光和空气一样，必不可少。

◇ 战略计划要有前瞻性 ◇

运用前瞻战略思维可以看到别人所不能见到的远景，并在明确的远景目标指引下，不断对企业自身的行为做出相应的调整，持续推动企业经营活动发展。

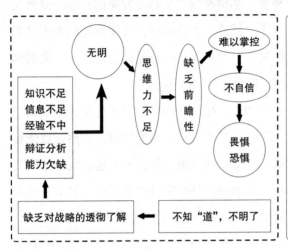

恐惧根源于缺乏前瞻性思维

前瞻性是一种高瞻远瞩的能力，它不是天生的，是逐步培养和专门训练的结果，前瞻性可以通过以下途径培养：1.经常思考。2.经常做趋势分析。3.平时善于总结。4.多些预测的实践。

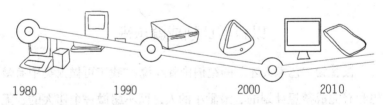

1980　　1990　　2000　　2010

苹果产品变革图

"活着就是为了改变世界"，这是乔布斯的终生追求，他一直倡导的是走近消费者，近得那么亲密无间，在他们自己都没有意识到之前，就告诉他们什么是他们真正需要的东西。

由个人推及到企业组织，竞争决定着企业的生死，这就需要管理者在"察"字上做足文章。管理者只有在科学、全面地分析客观环境的基础上，才能做出成功的决策。商业竞争是一个动态过程，为竞争做好计划，能够使企业抢占竞争先机，使企业能够未战先胜。

多年前，诺基亚还是一家濒临倒闭的地方性小公司，之所以后来会一跃成为著名的移动电话生产商，其中一个成功的秘诀就是，企业管理者很早地就看到了手机市场的发展前景，他们预料，世界移动电话的需求量会在不久的将来很快进入高速增长期。因此，在确定以手机生产为发展战略后，诺基亚把手机之外的所有业务或剥离或出售，甚至忍痛砍掉了拥有欧洲最大电视机生产厂商之一的电视生产业务。在超前的意识和行动下，诺基亚始终站在手机生产的最前沿。诺基亚领导者们审时度势的超前意识、高瞻远瞩的眼光，使诺基亚最早占领了手机市场，并赢得了市场。

凡事预则立，不预则废。每个企业的发展都离不开市场，但是市场又是发展变化的，当前，企业之间的竞争异常激烈，相互之间不仅仅是人才、资本、产品和技术水平的竞争，同时也是行动与速度的对抗，俗话说"抢先一步赢商机"，如果不善于谋划未来，只是鼠目寸光，关注当前，那么就会失去未来潜在的效益，企业的发展就没有后劲。

房地产行业标志企业万科是一家以电器贸易起家的多元化

公司。万科董事长王石曾感慨地说:"从海拔8848米的高度俯瞰能看到什么?其实,登顶那天云雾弥漫,可见度很低,啥都看不到。做企业比登山更难。两者的不同在于,一个是丈量自己的高度,一个是丈量企业的高度。两者的相同在于,在信念和目标下,定位自己的脚步,选择正确的路线前行。"

1992年,当其他企业认为"不能将鸡蛋放在同一个篮子里,需要多产业发展,广区域布局"时,王石发现,万科利润的30%来源于房地产,在他看来,房地产这一块并非最大,但是它的发展速度最快。因此,王石认为,将来市场发展趋势是专业化。于是只专注于住宅,开始做减法。他当时的"减法"几乎囊括到万科所涉足的零售、广告、货运、服装,甚至还有家电、手表、影视等数十个行业。最终,万科成为行业内的龙头老大,其规模之大令其他企业一时难以抗衡。

在《卓有成效的管理者》一书中,管理大师德鲁克说:"管理好的企业,总是单调无味,没有任何激动人心的事件。那是因为,凡是可能发生的危机早已被预见,并已将它们转化为例行作业了。"从德鲁克的话中我们可以推导出这样一个结论:好的企业不寄希望于意外的好运气,也从来不会遇到意外的打击,只要按照计划步步为营,就会不断接近目标。

马狮是20世纪上半叶英国一家服装公司的品牌,当时人们从穿衣上就能看出身份等级。上流社会的人穿着时髦精致,而下层人士则衣衫褴褛。马狮公司决定靠给下层人士提供物美价廉的衣物来突破社会的阶层壁垒。公司采取了这项战略决定后，就将全部精力都集中在这个目标上。

看起来很令人吃惊，一家百货商店肩负起了社会革命的重任。这一决定意味着企业的目的是满足社会的终极需要。在确立战略发展方向后，马狮公司提出了一系列的计划。例如，创新计划、人力计划、财务计划、简化计划、利润要求、社会责任等。在营销领域的计划是：将客户定为工人和低级职员，去了解他们的好恶以及在服装方面的购买力。

眼界的不同决定了思路的不同，思路的不同决定了计划的不同；计划的不同决定了结果的迥异。当别的公司还在一门心思地钻研如何将衣服制作得更华丽的时候，马狮公司却在思考如果将衣服制作得更为下层人士所接受。将目标分解成具体的计划之后，马狮团队的整个气势和状态都远远超过同行，在别人看来几乎是不可能的扩张景象慢慢就自然而然地出现在马狮公司。

在最擅长的领域内发力

1981 年，通用电气旗下仅有照明、发动机和电力 3 个事业部在市场上保持领先地位。2001 年，杰克·韦尔奇退休时，通用电气已有 12 个事业部在各自的市场上数一数二，如果它们能单独排名的话，那么，通用电气至少有 9 个事业部能入选 500 强企业之列。这是杰克·韦尔奇推行"数一数二"战略的辉煌成果。

1981 年，杰克·韦尔奇上任后，开始不断向投资者和下属宣传他的"数一数二"经营战略。他认为，未来商战的赢家将是这样一些公司："能够洞察到那些真正有前途的行业并加入其中，并且坚持要在自己进入的每一个行业里做到数一数二的位置——无论是在精干、高效，还是成本控制、全球化经营等方面都是数一数二……80 年代的这些公司和管理者如果不这么做，不管是出于什么原因——传统、情感或者自身的管理缺陷——在 1990 年将不会出现在人们面前。"

　　"数一数二"战略开始的时候并不被人们理解。在 20 世纪 80 年代，只要企业有盈利就足够了。至于对业务方向进行调整，把那些利润低、增长缓慢的业务放弃，转入高利润、高增长的全球性行业，这在当时根本不是人们优先考虑的事情。当时无论是资产规模还是股票市值，通用电气都是美国排名第 10 的大公司，它是美国人心目中的偶像。整个公司内外没有一个人能感觉到危机的到来。

　　但其实当时美国的市场正被日本一个一个地蚕食掉：收音机、照相机、电视机、钢铁、轮船以及汽车。GE 的很多制造业务的利润已经开始萎缩。而且 1980 年美国的经济处于衰退状态，通货膨胀严重，石油价格是每桶 30 美元，有人甚至预测油价会涨到每桶 100 美元。这对 GE 的制造业也是个冲击。

　　韦尔奇接任通用公司 CEO 的时候，通过雷吉·琼斯的介绍，韦尔奇和德鲁克见了面。德鲁克问道："如果你当初不在这家企业，那么今天你是否还愿意加入进来？"言外之意，通用公司虽然还是美国排名第10的大公司，但它已经面临着来自全球，特别是日本的竞争压力，利润已经开始萎缩，一些业务处于疲弱不堪的状态。德鲁克接着问道："那么你打算对这家企业采取什么措施？"问题十分简单，也非常深刻，发人深省。

与德鲁克的谈话，使韦尔奇下了推行"数一数二"战略的决心。他的想法非常简单明了：一项业务必须做到"数一数二"，否则就"整顿，出售，或者关闭"。杰克·韦尔奇对"数一数二"战略的诠释是："当你是市场中的第四或第五的时候，老大打一个喷嚏，你就会染上肺炎。当你是老大的时候，你就能掌握自己的命运，你后面的公司在困难时期将不得不兼并重组。"

在最初的两年里，GE出售了71项业务和生产线，回笼了5亿多美元的资金。尤其是中央空调业务的出售，在其周围的员工中引起了非常大的心理震动。因为空调业务部是基地设在路易斯维尔的大家电业务部的一个分部，恰好位于GE公司的中心地带。

中央空调业务部门的市场占有率只有10%，这样的市场占有率无法做到由自己掌握命运。GE品牌的空调产品卖给地方上的分销商后，他们带着锤子和螺丝刀"叮叮咣咣"地把空调器给用户安装上，然后他们就开着车一溜烟地回去了。用户们则把自己对分销商服务的不满都记到了GE的账上，他们经常投诉GE。而市场份额大的竞争对手能够获得最好的分销渠道以及独立的承包商。对GE来说，空调是一项有缺陷的业务。

出售交易完成一个月之后，杰克·韦尔奇给原来空调业务的总经理斯坦·高斯基打了个电话，他随同业务转让一起去了特兰尼公司。斯坦说道："杰克，我喜欢这儿。每次我早晨起来到公司上班，看到我的老板一整天都在考虑空调的问题。他喜欢空调，他认为空调非常了不起。而我每次和你通电话的时候，我们总是谈用户的投诉，或者是业务的赢利问题。你不喜欢空调，我知道。杰克，现在我们都是赢家，我们都能体会到这一点。在 GE，我是个孤儿。"

这次通话让杰克·韦尔奇进一步认识到，把 GE 的弱势业务转给外边的优势企业，两者合并在一起，这对任何人都是一个双赢的结局。特兰尼在空调行业中占据领先位置，合并后，原 GE 空调部门的人员一下子成了赢家中的一员。面对各种反对意见的狂轰滥炸，斯坦的话坚定了杰克·韦尔奇的决心，无论如何，他都要把"数一数二"战略坚决实施下去。

"数一数二"战略使通用公司很快摆脱了困境，走向成功。这种战略体现的正是发现自我优势的思维方式，企业管理者应该从韦尔奇的做法中获得宝贵的启示和经验。

2200 多年前，数学家阿基米德对国王说："给我一个支点，我就能撬动整个地球。"对于企业而言，如何撬动市场？支点是什么？其实就是要找到自己的优势，找到自己最擅长的业务领域，充分发挥自己的长处，这样才能将市场撬起来，将企业的利润滚动起来。

◇ 战略定位应瞄准优势领域 ◇

战略优势是指企业在较长时期内，在关系全局经营成败方面拥有强大的实力、丰富的资源和优势地位。它是企业在激烈的竞争中取胜的法宝。

S 代表子行业内部的有利因素，即潜在优势；

W 代表子行业内部的不利因素，即潜在劣势；

O 代表子行业外部的有利因素，即潜在机会；

T 代表子行业外部的不利因素，即潜在威胁。

（外部指子行业所属大行业、上下游及宏观）

SWOT 指数是根据信息影响力随着时间的推移而逐渐降低的时效性特点实时求出的，该指数可以及时反映行业景气情况。

每个企业都有各自的优缺点，在商业竞争中应该扬长避短，挖掘自己的优势潜能，找到适合自己的优势领域，使其成为自己的核心竞争力。

第二章

决策管理：

分得清重要事情和紧急事情

发言之前先调查

调查研究是一个庞大而又系统的工程。调查前，先要有个基本的提纲，明确几个问题，带着问题边调查、边研究，再调查、再研究。最好是几个人一起去。调查是发现问题，更是去找问题产生的原因。不管问题的直接或根本原因是什么、在哪里，我们总可以从基本的实践中找到问题产生之所在，通过分析找到问题产生的真正原因。

调查时一定要向被调查者讲清调查的目的、解决什么问题，以便取得理解和支持，千万不要带着主观的观点和意见去做调查。调查时，要原原本本做记录，而不是筛选听到或看到的材料。整理要及时，越快越好，这有利于发现问题。然后分门别类地整理出来，也有利于以后使用。

调查时不但要抓典型，还应该听取担当不同角色、处于不同地位的人的意见，而且不要在调查之中表明自己的态度，以免影响被调查者，使事实变形，同时也容易使自己产生某种定式，封闭了解、理解问题的道路。要把一个地方、一个单位、一个问题研究透彻。

在调查过程中，不但要听，而且要看。人所处的地位不同，看问题的角度不同，对事物的理解也就不同，这给人们分析问题带来了难度。看一看，可以多找到一些问题的启示点，也可避免被错误信息所误导。

调查的方法多种多样，如问卷调查、抽样调查、集体座谈以及个别走访等。在实际运用中，我们还应注意以下几点：

1. 兼听则明，辩证对待

是非对错，是相对立的矛盾的统一体。许多是非生出之时兴许并无恶意，原本就是指某事而不是对人，或只对人而不是对事。但在人们"传递"信息的过程中，经过许多"传递手"无数次无轻重地添油加醋，重施"佐料"，本意变味走调，甚至是非颠倒，黑白混淆。这就需要决策者保持清醒的头脑、坚定的立场，运用敏锐的思维和正确的鉴别力去面对现实，明辨是非。决策者对是非要善于辨析，不可盲目轻信。是非是非，是是非非。有的是非，说是但又不是，说不是但又是。

俗话说"眼见为实，耳听为虚"。决策者要善于运用辩证法，去做一番调查研究，不可在是非面前随波逐流，始终保持自己应有的个性，并从中悟出真谛，这是决策者应十分注意的问题。对是非的真实性问题，如果没有真凭实据，切忌偏听偏信，以防节外生枝，激化矛盾，扩大事态，造成不必要的严重后果。更重要的是，要对是非能够始终保持清醒的头脑，独立思考，这样就容易明辨是非。

2. 把握中心，突出重点

决策者的调查研究必须紧紧围绕着中心工作进行，并通过调查研究推动中心工作，进而推动全局工作的开展。在错综复杂的工作中抓住最能影响全局的问题，这是决策者管理好全局工作的前提，也是其围绕中心工作进行调查研究的前提。决策者要善于运用矛盾分析的方法，明确各种矛盾之间的相互关系及其对事物发展的作用；明确哪一种矛盾起主导、决定作用，规定和影响着其他矛盾的存在和发展，即主要矛盾；明确主要矛盾的主要方面和表现形式等，从而在调查研究中把握主攻方向，沿着这一方向开展经常的、系列的、反复的调研。

3. 把握全局，细致入微

决策者的调查研究，不总是直接表现为对重大问题的调查研究，也有一些对看似非常细小的问题的调查研究；不总是集中时间和精力进行专题性调研，也有一些随时随地的调研；不总是直接对全面情况进行综合性的调查研究，也有一些对具体情况、具体工作的调研。这些调研对决策者把握全局是不可缺少的。

决策者要经常到基层走一走、看一看，了解社情民意；经常到群众中坐一坐、谈一谈，体察群众的疾苦；经常到市场上去转一转、听一听，感受人们的实际生活。这些看似小事，但它却体现了管理决策者对群众的感情。从某种意义上说，决策者在这些活动中进行调研，可能了解到的情况更真实、更具体、更生动，也更能说明问题。

决策者在这些调研活动中发现问题并及时指导，帮助解决，对推动全局工作是大有裨益的。苗头性问题有时是某一事物的本质反映，有时可以预示事物的发展趋势，有时是某一倾向性问题的前兆。决策者通过调查研究，发现苗头性问题，区分好的苗头和坏的苗头，通过苗头看到倾向，发现实质，对好的苗头及时引导扶持，对坏的苗头及时制止纠正，这样才能保证全局工作的顺利进行。

4.“解剖麻雀”，点面结合

“解剖麻雀”法是从一般到个别，再从个别到一般的工作方法，也是决策者在调查研究中运用较多的一种方法。决策者进行调查研究，要注意解剖典型，就是从具有某种共性的总体事物中，选取一个或若干个有代表性的单位作为对象而进行调查研究。

一个好的典型就是一面旗帜、一种精神、一个路子、一个解决问题的办法；一个坏的典型就是一种警示、一面反光镜。通过对正面典型的调查研究，可以得出具有普遍指导意义的一般方法；通过对反面典型的调查研究，可以得出具有普遍制约意义的一般原则。

决策者首先要根据实际工作的需要，把对解决全面工作有较大影响的问题作为调研目标，从而确定能够反映问题本质和规律的典型。准确地选择典型，可视情况采用择中选点法、择优选点法、择劣选点法和划类选点法等方式。

◇ 没有调查就没有发言权 ◇

调查就是指运用科学的方法，有目的、有系统地搜集、记录、整理有关信息和资料，进行汇总分析，为战略预测和经营决策提供客观的、正确的资料。

调查的主要方法

典型调查——从调查对象的总体中选取一个或几个具有代表性的单位，进行全面、深入的调查。

重点调查——通过对重点样本的调查来大致地掌握总体的基本数量情况。

抽样调查——从调查对象的总体中抽取一些个人或单位作为样本，通过对样本的调查研究来推论总体的状况。

个案调查——调查的对象只有一个个体，主要目的就是认识所选调查对象的现状和历史，而不要求借此推论同类事物的有关属性。

调查研究是掌握实际情况、获得正确认识的重要前提，是做出正确决策的前提。只有进行了正确的调查研究才能获得发言权。

管理学越简单越实用
GUANLIXUE YUEJIANDANYUESHIYONG

（1）择中选点法：是在总体事物中，选择发展程度处于中等水平者作为调研的典型对象，用典型对象的调查结果来认识总体的共同本质和一般规律。

（2）择优选点法：是选择在同类事物总体中处于优势或领先地位的事物作为调查研究的对象，总结成功的经验予以推广。

（3）择劣选点法：是在事物的总体中选择薄弱点或问题较多、矛盾较复杂的事物作为调查研究对象，主要是总结教训，提出改进工作的措施。

（4）划类选点法：是把总体中差异很大的各个单位按一定的标准划分为几个不同类型，再从不同类型的单位中选择合适的典型。

5. 把握目标，解决问题

决策者进行调查研究之前，应先围绕中心目标拟定若干问题，然后组织联合调研组带着这些问题着手进行调查研究。决策者要亲自到田间地头、到车间工地、到市场中、到周边地区进行调查，不耻下问，寻求问题的答案。要注意多与群众交谈，多接触一些思想活跃、有独到见解的人，多听取有关专家、学者和研究人员的意见。与此同时，决策者必须边调查边发现、思考和分析问题。

决策者围绕中心工作进行调查研究，就是为了解决中心工作发展中出现的难题和阻力，就是要促进中心工作健康有序地发展。调查研究如果不能解决问题，那么调查研究就没有什么意义和价值了。决策者通过调查研究，了解和掌握了中心工作在发展中存在的主要问题及其表现形式、主要特点、制约因素等，做到了心中有数，就可以根据调查研究的情况，研究对策，提出措施，找准办法，做出正确的决策，然后再对决策实施情况进行调查研究，如此循环往复，中心工作的发展就会越来越顺利。

另外，中心工作不是孤立存在的，它与其他方面的工作有着紧密的联系，其他方面的工作如果出了问题，必然会严重影响中心工作的发展。所以，决策者对这些问题同样不可忽视，同样要带着这些问题去调查研究，拿出解决办法，为中心工作服务。

充分引进智囊的大脑

管理者一方面要尊重智囊人物的意见，另一方面又要妥当地处理智囊人物的意见，这就需要管理者在实践中学会运用处理智囊人物意见的高明方法。

1. 智囊团队的组建方法

组建智囊团是否成功，关键在于智囊人物素质的优劣和智囊团人才结构是否合理。因此，组建智囊团时，如何选择配备智囊人物，就成为一项极为重要的工作。管理者必须掌握选择智囊人物的方法与艺术，并亲自参加智囊人物的物色以及选择工作。

从知识结构上，管理者选择的智囊人物首先是专家，其次是杂家，其实是专家中的杂家、专才中的通才，专中有博、以专带博。没有专深的学问，对问题的研究就必然缺少深度，而知识面太窄，又会限制他们的视野和结合、分析问题的能力。由于研究课题具有综合性，即使每个智囊人物都是通才，但光靠一个人的知识、能力也是无济于事的，必须靠智囊群体的合力，靠多个专家的合作，甚至是多"兵种"协同作战。

组建智囊团，要创设协调信任的环境，让参加讨论的人感到心情舒畅，不能有任何压抑感。心理学的研究表明，心理受到压抑的人会阻碍其智力的迸发，使人的智力受阻。管理者要理解智囊成员的心理状况，给予他们发表意见的权利，创造有利于争鸣的环境和气氛，给智囊人物以时间和物质保证；与他们相处时，应放下架子，礼贤下士，不要以领导者自居，或以命令的口气强迫其发表违心的意见；要保持与专家的密切联系，加强感情交流，不要搞成"有事我找你，无事不理人"状况。

2. 如何发挥智囊人物的作用

智囊参与决策对决策的民主化与科学化起着积极的作用。现代企业中，许多成功决策的背后往往也相应地有一个特别高深的智囊机构或智囊系统，并且智囊在管理决策中将起到越来越显著的作用。

（1）专家集团咨询法：又称特尔斐法。运用此法时，先向有关领域的专家明确提出问题，用函询的方式请他们答复。然后，集中整理收集到的书面意见，进行定量分析和归纳，再把函件寄回给他们，让每个人根据统计归纳的结果，慎重考虑别人的意见，并允许修改自己前一次的意见，最后再把意见收集整理归纳。如此反馈之后，专家意见基本上趋于一致。这种做法的好处是：既依靠了专家，又因为对专家姓名保密，从而避免了在专家会议上由于当面接触，因而有顾虑而造成的随声附和的现象。

值得注意的是，对提出的问题应做充分说明，务必使专家充分了解其意图，所提问题要集中，有针对性，不要过于分散，要使各个事件构成一个有机的整体；避免提出组合事件，以免专家难以回答；用词要准确，表明数量概念时要用确数，避免使用无法定量的含糊字眼；预测管理小组的意见不能强加于表格内；表格设计要简化，要有专家阐明意见和做结论的空白；要酌情付给报酬以免影响表格的回收率；要特别注意保密，不可随意泄露专家的意见。

（2）头脑风暴法：这种方法是通过一定的会议形式，将一组智囊人员召集在一起，让他们相互启迪，相互引导，引起联想，发生"共振"，这样就能在较短的时间内获得较多较好的设想和方案。实施时，要召开一种特殊会议，其人数以 5 ~ 10 人为宜，多了不便充分发表意见。

此种会议要有一名主持人，主持人在开始时简要地说明会议目的、要解决的问题和要找出的答案，主持人原则上不提新设想，但可提诱导性意见，要创造人人都能充分发言的气氛，当多数与会人员要求发言时，应让那些思想活跃的人先发言，这样可以在更大程度上发掘他们的联想能力。记录员要记下会上提出

◇ 决策时要集思广益 ◇

个人的知识总是有限的，所以团队的生存与发展，不能只靠领导的"独断专行"，而是应该博采众长，集思广益，才能使团队在竞争日益激烈的市场环境中屹立不倒。

阶段	工作内容	注意点
头脑风暴前	➤ 明确主题	要解决什么问题，这个问题能够解决吗？
	➤ 明确头脑风暴的方式（轮流发言、随意发言、先写在纸上后发言……）	注意上下级之间的压力问题，根据组织氛围选择一个方式。
	➤ 选择参与者	什么人要参与这个问题的解决？
	➤ 给与会者相关资料，留足够时间思考	资料要充分，否则会跑题或者脱离实际。
	➤ 选择场地	选择一个轻松的场地。
头脑风暴中	➤ 宣布规则	宣布不准批评、方式等规则。
	➤ 主持人的启发	主持人要事先做好准备。
	➤ 进行主持，杜绝批评	保障规则的遵守。
	➤ 调动气氛	不要冷场。
头脑风暴后	➤ 整理方案	方案必须是系统、逻辑、缜密的，找出可行的方案。
	➤ 分析方案	
	➤ 得出结果	

头脑风暴法各阶段内容和注意事项

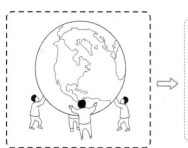

钢铁大王卡内基的墓碑上刻着："一位知道任用比他本人能力更强的人安息在这里。"卡内基的成功，就是因为他敢用比自己强的人。企业智囊团的打造就是集合一切可利用的优质资源，作为企业家外界的左膀右臂，结合他们的力量为企业服务。

的所有方案和设想，待会议结束后协助主持人分类整理各种新设想。为了保证其成员的思想高度集中，会议时间以一小时为限。会议地点应选择在安静而不受外界干扰的场所。开会之前要事先通知，告诉大家会议议题，以便使智囊人物事先有所准备，每次会议要限定题目范围，使每一个开会的成员都能针对一个目标，提出自己的设想。

具体操作时，不能批评别人的设想，以防止阻碍创造性设想的提出；可自由发言，畅所欲言，主意越新越好；主意以量生质，主意越多，得到好的设想的可能性就越大；要欢迎综合与改进，可以发挥别人的设想，或者把几个人的主意综合起来产生一个新的设想；会议的气氛力求轻松自由；讨论时，要把所有人的设想的大意都记录下来；另外注意，这种办法适用于讨论比较专门的题目，不能太广泛。头脑风暴法在促进发明创造方面有较好的效果。

（3）咨询专家法：一个部门出现的问题，诸如经营、生产、员工方面的问题，由部门主管向各个领域的专家介绍情况并咨询，然后由专家们实地勘察，提出相应意见。

（4）专题研究法：管理者将需要研究的问题，分成若干个小专题，把这些专题进行分类以后，交给对此专题有一定专门知识的人去研究，然后对各个专题小组研究的情况进行综合。这种方法的特点是研究的问题大，挖掘深，分析比较透，但运用时管理者要有较高的综合能力，否则专题分开以后难以综合。

3. 与智囊团的关系处理

智囊工作非常艰苦，而且是很费脑的工作。我们必须充分地加以尊重。但是，在决策中智囊只能起辅助的作用，而不能越俎代庖。管理者必须用良好的判断力去做出决策，必须合理地、恰当地处理好自己与智囊的关系，这样，才能保证决策的不断完善。

（1）宽容对待。智囊团的意见，有与管理者想法一致的，也有很多不一致甚至尖锐对立的。对于与自己不一致的意见，管理者更应当细心倾听，认真分析，如果真有道理，那就要服从科学和真理，而不要怕丢面子。

（2）保持独立。一般来说，智囊团中的专家也是现实社会中的人，也是良莠不齐的，未必都能秉公直言，即便是敢于直言的，他们的意见也不可能百分之百都是正确的。一个优秀的管理者，既要善于利用"外脑"，在智囊团工作的基础上做出正确的判断和选择，同时又要有自己的"头脑"，牢记自己的立场，不为智囊团所左右。

（3）正确选择。智囊人物对一个问题的解决会提出多个方案，到底哪个更科学、更合理、更可行，只有通过比较，权衡利弊，才能得出正确结论。"不怕不识货，就怕货比货"说的就是这个道理。当然在权衡利弊、比较鉴别时，必须有明确的目标、统一的标准。

善于运用四种创新决策

尽管管理者每日面对的事情繁多，需要决策的事情五花八门，但是总结归纳起来，有四种决策方法可供借鉴。

1. 项目决策法

管理者有许多项目的日程要安排，但如何安排则成为一个难题。

项目是指公司在日常事务之外所进行的研究、报告、试验、实验以及其他活动。项目由于不同于平常的单调的工作，所以会吸引高级管理层的注意力。许多项目对于管理者来说是显示智慧和能力的机会，它们也可以是引起别人注意的方式。找到一个引起高级管理层兴趣的项目，出色地完成它，并且确保你做出的成绩显而易见。当然如果事情弄糟了，引起的注意也就完全成为负面的了。

负责一个项目，从一开始就必须明确目标，同时要制定实施项目的日程。日常的规律性任务是没有时间限制的，与此不同，项目应该有一个时限。一旦受命负责一个项目，在开始之前就要建立一个有效的日程并且获得高级管理层的同意。建立的日程应当有明确的标志，这样管理者就能知道项目是否在如期进行。一般的项目日程包括项目名称、目标、标志、完成日期这几部分。管理者详细列出以上项目日程，就能一帆风顺地完成好每个项目，达到有备无患的效果。

要想保证项目如期完成，除了依靠丰富的经验以外，管理者还应建立一个报告系统部门，使自己每天都能确切地知道该项目当前处在什么阶段。

如果进行的是长期项目，就要建立短期和中期目标，从而帮助管理者了解工作是否按期进行；每天监督生产进度和工作质量。建立及时汇报重点工作环节的制度，以获得这方面的信息；如果发现遗漏了某个影响进度的问题，应立即采取行动进行补救；确定问题的瓶颈所在，给予它们以特殊的密切关注；做这种类型的部门主管，不要在员工中引起恐惧感，要时刻触摸业务进行的脉搏；在员工的工作场所花费一些时间，询问他们有何问题和担心，记住他们告诉了你什么。

2. 直觉决策法

直觉型思维，具有感觉问题敏锐，能在缺乏信息情报的情况下洞察事物的本质，思维轨迹简洁，以及能"省略"许多不必要的决策程序等优点。它属于一种非逻辑性思维。在夜色朦胧中，人脑能根据模糊的视觉形象识别自己熟悉的亲友和同事，而以"精确"见长的电脑却"不认识"此类目标。可见，特殊的灵感和直觉，是决策者必要的条件。经营者在许多情况下，必须以直觉的方法才能迅速地对事物做出快速、准确、无误的决策。

卓越的直觉型思维能力，不仅能够使管理者在纷繁复杂的社会现象面前迅速地做出某种抉择，而且还能帮助管理者敏锐地洞察事物之间的内在联系，对某一决策方案可能产生的中远期影响以及某一事物在今后的发展趋势，做出比较接近事实的预见。

在管理者中，有些人天生就有这方面的强大潜能，他们处事

◇ 有效决策离不开创新意识 ◇

决策是在不断变化的内、外部环境条件下，为变革现状和开创未来，树立新目标和采用新方法与措施的活动，其实质是一种创新性的活动。

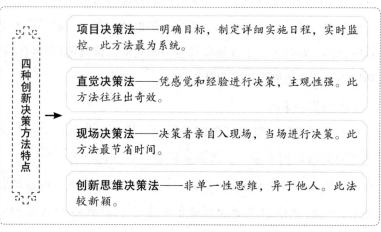

四种创新决策方法特点 →

项目决策法——明确目标，制定详细实施日程，实时监控。此方法最为系统。

直觉决策法——凭感觉和经验进行决策，主观性强。此方法往往出奇效。

现场决策法——决策者亲自入现场，当场进行决策。此方法最节省时间。

创新思维决策法——非单一性思维，异于他人。此法较新颖。

决策者能否创新取决于三个条件：1.创新意向，唤起创新努力；2.合理的知识结构，是产生创意的基础；3.创造性思维能力，从多角度进行发散式思维的能力。

创新：方式一变，效果立现。

管理学越简单越实用
GUANLIXUE YUEJIANDANYUE SHIYONG

决断往往会有意料之外的神来之笔。有时直觉能够产生新思想、新认识、新理论、新见解，从而有力推动管理活动的开展。

但直觉，毕竟是一种待证的事实，有时观察范围比较狭窄，有时容易将不相干的事物生拉硬拽，强加搭配。因此，直觉并不是准确无误的，只要条件允许，就应该尽可能运用科学手段进行审核和验证。一位高明决策者，要经过长期锻炼，积累经验，培养一种临事立刻判断事实真相的能力，在紧要关头造成奇效。

3. 现场决策法

为了加快决策速度，管理者可做出现场决策。现场决策是指管理者或管理集体亲自深入现场，对某种事物、问题、方案当场做出决定，以推进管理工作的进程。现场决策具有经验性、灵活性、时效性和复杂性等特征。在现实工作中，不是所有的问题都适合管理者现场决策，只有当管理者对遇到的问题真正了如指掌，而且下属无法解决或不去解决、自己又能解决时，这种决策方式才是有效且必要的。

现场决策有以下几种情况：

（1）当管理者解决某一问题，但情况不太明了、条件不太成熟时，于是到现场去边观察、边研究、边解决。

（2）当管理者深入下属单位检查指导工作时，碰到下属单位无法解决的问题，当场拍板，就地解决。

（3）当在本部门、本单位发生了各种意外事件时，管理者往往要亲临现场，妥善处理善后事宜。

（4）当下属成员都很能干，但因为各自独立行事，不会合作解决问题时，管理者可以当面召集他们，指示大家共同解决问题。

如果你想发挥你的现场决断能力，那你就必须有勇气，还得有真才实学。你必须善于研究和分析问题，抓住事物的本质，你必须对当时的形势做出迅速而准确的评价，只有这样，你才可能做出正确、明智、及时的决策来。在条件极其不利的情况下，你必须运用正确的逻辑推理、运用常识性知识并积极调动你的分析判断的能力，才能迅速地确定应该采取什么样的行动才不至于失去转瞬即逝的大好机会。

除此之外，你还需要有相当敏锐的预见能力，以便你能够预见在你的决定实施以后可能发生的情况和反应。当形势需要你对原来的计划进行修改的时候，你要采取迅速的行动对原决策做必要的修改，这样会加强你的手下人对你作为他们的管理者的信心。

当你知道什么工作可以由别人来做的时候，你就可以把它们分配下去，不要再去费心考虑它们。对于那些剩下来的必须由你本人亲自处理的事情，你也得分出主次和先后。如果你能把你的问题排出个先后顺序，可能它们就会迎刃而解了。现在你就把你急于要办的事列出一个顺序表来，按照主次依次处理，在同一个序号下不要列出两项工作。在你列出了工作顺序之后，你要全力以赴地解决第一号的问题，一直要坚持到做完为止。然后再用同样的办法去处理第二号问题。不要担心这样做一天只能解决一两个问题，关键在于这样做会逐渐解决你以往积累下来的许多问题。这样一来，你真正关心、真正着急的事情，马上就可以解决了。

你也要让你的下属根据他们工作的主次和先后列出工作日程及顺序表，也让他们按照同样的办法去做。即使这样仍然不能解决问题，你也不要采取其他办法，一旦你使这个系统运转起来，你就要坚持到底。这样你才能逐渐清理掉过去积压下来的问题。

4. 创新思维决策法

随着经济全球化的到来，企业面临市场、人才、环境等各方面的竞争，现代企业家要在纷繁多变的市场经济的不平衡中寻找企业发展和获利的机会，没有强烈的创新意识是不可能成功的。

在竞争中，管理者们只有借助自己的创新思维，不断创新，才能始终占领竞争制高点。创新思维是人们面对一个具体问题所进行的异于他人并能导致新颖而有效地提出解决方案的思维方式。创造性思维活动并不是一种单一的思维形式，而是多种在思维方式和具体过程方面并不完全相同的思维形式的总称。一般而言，创造性思维有四种形式：

（1）求异思维：创造性的思维之所以是创造的，就是因为在思维上有其新颖性。面对同样一个问题，可以从某一新的角度或用某种新方法加以分析与解决。也就是能做到与常人不一样，能标新立异，这就是一种求异思维。

（2）收敛思维：又称辐辏思维，是指针对特定的问题，多角度、多方面、多思路考虑解决方案的思维方式和方法。

（3）发散思维：又称辐射思维，与收敛思维反义而互补，是一种由点到面、由面到体、由一到多的思维形式与方法，是典型的创造性思维形式。

（4）逆向思维：又称反方向思维，一反他人传统的思维模式与思路，二反自己以往的思维模式与思路，进而达到创造性地解决问题的一种思维模式。

进行决策创新，首先要综合分析。管理者每天的工作千头万绪，碰到的实际问题也很多，这就需要管理者们具备综合分析能力，抓住问题的本质，客观正确地分析，然后做出新颖的决策。

在决策的酝酿阶段，强烈的创造意识通常能对创造见识产生重要的萌发作用，两者呈现明显的"因果关系"。在顿悟阶段，创造意识继续对创造见识起重要的萌发作用，与此同时，创造见识也对创造意识起明显的强化作用，两者呈现积极的"共振关系"。到了验证阶段，创造意识首次将"怀疑"和"不满"转向创造见识，促使其进一步完善，而创造见识也通过自身的不断完善来"满足"创造意识，两者呈现出和谐的协调关系。

在借他山之石攻玉的同时，一定要善于改变现状。作为管理者，要坚信自己能够创新，运用发散思维，努力扩大想象空间，同时注重开发潜意识，那就一定能够在正确决策中找到良好方向，使决策效果不断向既定目标靠近。

在战术上重视决策实施

在执行决策的过程中，市场变化的复杂性和灵活性决定了组织管理的决策也要灵活多变。具体做法有以下几点：

1. 以奇应变

某国烟草公司的推销员到一个海湾旅游区推销 A 牌香烟，发现市场已被同行占领，难以插足。正在为难之时，一块"禁止吸烟"的牌子触发了他的灵感。他立即制造了许多幅大型广告牌，上写"禁止吸烟"，下写"A 牌也不例外"。这一巧发的"奇弹"，正中旅客的奇妙心理：这种烟肯定不错，不如买包尝尝！销量一下就上去了。

要想在竞争中立于不败之地，就要有一套超群的本领，就要有一些异乎寻常的做法，以适应情况的变化。

2. 以智应变

现代社会，是经济实力的竞争，更是智力水平的竞争。在企业界，经济实力弱的企业战胜经济实力强的企业的事例并不少见，究其原因，关键是智力上的差异。在当今，谁拥有第一流的人才，谁就有高质量的产品，谁就能做出高人一筹的决策，这样，就顺应了市场的变化，从而保证经营成功。

在市场竞争中，业绩越大风险越大，如果不冒一定风险，企业就不会有大的发展，更不要说日新月异了。所以说勇于冒险，应该是企业家的一种必备素质。以智应变是勇于开拓和敢于冒险的保证，是企业管理决策者的必备素质。

认识了市场发展变化的规律，并不等于企业在竞争中已经获胜；要想获胜，还需把理论转化为实践，把认识变为行动。以智应变就是要你打破以往的条条框框，不为游戏规则所约束，要敢想、敢做、敢干，进而开拓创新。

没有开拓精神，总是跟在别人屁股后头走，是不能应付市场万变的。人们可以认识市场变化的规律，但人的认识是由少到多、由浅入深的过程。因此，人不可能绝对地左右市场的变化，在经营中有可能成功，也有可能失败。

3. 以新应变

世界上最大的民航喷气机制造商——波音公司，始终像野牛

◇ 决策实施重在随机应变 ◇

俗话说"计划赶不上变化快"，如果决策在实施过程中出现了影响决策达成的意外情况，在具体执行环节就要进行及时调整，随机应变，以期尽量达成决策的既定目标。

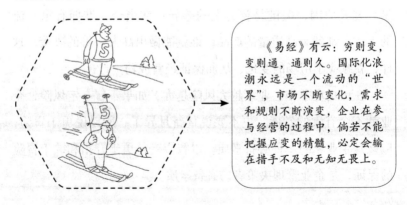

《易经》有云：穷则变，变则通，通则久。国际化浪潮永远是一个流动的"世界"，市场不断变化，需求和规则不断演变，企业在参与经营的过程中，倘若不能把握应变的精髓，必定会输在措手不及和无知无畏上。

一样向前狂进。它先后推出数种多性能、高技术的新型轰炸机、喷气机，使飞机的销售量一直遥遥领先，从而迈入了一个企业发展的新时代。

面对激烈的市场竞争，推陈出新才是最好的应变办法。新产品"新"就新在工艺、材料、造型方面。它和老产品相比，或者性能多、质量优，或者价格廉、规格多，或者造型美、材料新，或者能以全新的面貌满足人们的新需要。新产品一般都会受到社会和消费者的欢迎。

因为人们的需要是多层次的，消费者的消费也是无止境的，社会需要大量新产品的不断涌现。同时，现代科学技术的"爆炸式"增长，又为企业不断推出新产品提供了可能或条件，企业也必须适应需求而研制出适销对路的产品，才能保证企业在市场竞争中永葆活力。

4. 以快应变

腾本于 1966 年成立尤尼登公司，该公司以生产无线电通信机、CB 对话机为主。1975 年电晶体席卷整个美国市场，腾本也跟着活跃在美国商界。但他认为这种情况不会长久，到一定时候就会走下坡路，于是停止生产电晶体，转向其他产品。果然不出他所料，一阵热潮过后，市场上对电晶体的需求大减，由于他有先见之明，变在人先，存货所剩无几。相反，他的同行却是货物积压卖不出去。

打仗兵贵神速，企业在决策实施过程中，也应该做到"以快应变"。在科学技术迅速发展的今天，企业之间的竞争在一定程度上就是时间竞争，谁变在人先，谁就能先发制人。

5. 以变应变

美国梅西百货公司是世界著名的百货公司，它的总裁在总结经营之道时说："变化是我们梅西百货公司的生命。"该公司刚创建时的口号是"用现款买便宜货"，该口号极大地吸引着顾客。后来，顾客喜欢订货，这个公司根据这一变化，采取记账买东西的办法，又大受顾客欢迎。

这个公司的竞争对手采取了向顾客提供分期付款的策略，抢走了梅西公司的许多生意。梅西公司针锋相对，采取了"用后再付"的推销方式，即顾客可以先试用，试用后决定买时，再给18个月的时间，分批付款。这样，又把顾客争取过来。梅西公司通过实施这种"用后再付"的购物方法，再一次焕发"青春"。

变化是发展的生命，有时，这种变化超乎人们的想象。竞争对手都在研究对方，不断变换制服对手的策略和手法。企业只有以变应变，才能立足于不败之地。

人世间的事情没有一件是绝对完美或接近完美的。如果要等所有条件都具备以后才去做，就只能永远等待下去。一个优秀的组织管理人员，面对瞬息万变、险象环生的竞争市场，必须以变应变，具有"见缝插针"的决策和实施能力。

决策必须能够应对变化

孙子说："故兵无常势，水无常形，能因敌变化而取胜者，谓之神。"意思是说："战争无固定不变的态势，流水无固定不变的流向。能随着敌情发展变化而采取灵活变化的措施取胜的人，才称得上是神秘莫测的高明者。"

美国硅谷专业公司曾是一个只有几十人的小公司，面对竞争能力强大的半导体器材公司，显然不能在经营项目上一争高低。为此，硅谷专业公司的经理改变了自己的发展计划，抓住当时美国"能源供应危机"中的节油这一信息，很快设计出"燃料控制"专用芯片，供汽车制造业使用。在短短 5 年里，该公司的年销售额就由 200 万美元增加到 2000 万美元，成本也随之由每件 25 美元降到 4 美元。

孙子说："兵者，诡道也。"意思是说，领兵打仗，讲求的就是一个随机应变。兵来将挡，水来土掩。同样，我们也可以说："商者，诡道也。"商业头脑的高下就是应变能力的高下。

众所周知，由于成功运用了生产流水线，福特公司的汽车创造成本一下子下降了很多。到 1924 年，福特 T 型车的售价已降至不到 300 美元，这个价格低于当时马车的价格。当时没有任何一家汽车公司有能力将汽车成本控制到福特汽车成本之下，福特始终占据着价格优势，这种优势使福特成为当时美国汽车行业的领头羊。

如果说福特的成功是源自成功地对接了消费者的渴望汽车廉

价的心理，那么导致福特痛失恒行业领头羊位置的主要原因就是其忽视了消费者的需求变化：随着汽车走进了千家万户，消费者对汽车有了新需求。福特曾经有一句名言：顾客可以选择他们喜欢的任何颜色的汽车，但是福特汽车只有黑色一种。由此可见福特汽车颜色的单调。但民众开始渴望拥有其他颜色的汽车。

通用将民众的愿望变为了可能，他们开发出著名的 Duco 漆，它使汽车喷漆的干燥时间从几周缩短到几小时，并为车的外观提供了多种颜色方案。通用汽车的掌舵人斯隆在 1924 年的年度发展报告中阐述了他那著名的"不同的钱包、不同的目标、不同的车型"的市场细分战略。他根据价格范围对美国汽车市场进行了细分，每个通用汽车品牌的产品都针对一个细分市场：雪佛兰针对低端市场，凯迪拉克则瞄准高端市场。

通用的努力换来了丰厚回报，从 20 世纪 20 年代中期到 50 年代的 20 多年间，通用汽车的年度销售量翻了两番，很快就超过福特汽车，市场占有率从不足两成到超过五成，成为美国汽车市场上新的领头羊。与之相对应的是，福特汽车的市场占有率从超过五成下滑到两成左右。

正是看到了消费者消费需求的变化，通用才获得了超于福特的机会。无独有偶，曾错失小排量汽车发展良机的克莱斯勒公司开始寻找新的市场需求，它把眼光停留在箱型车上。传统箱型车的空间不够大，不能满足消费者旅行的需要，但小货车又不够轻便。1983 年，克莱斯勒公司研发出介于传统箱型车和小货车之间的厢式旅行车系列，从而开辟了旅行车这一细分市场，成为这一市场的领军企业。

有一年，美国丹维尔地区经济萧条，不少工厂和商店纷纷倒闭，被迫贱价抛售自己堆积如山的存货，价钱低到 1 美元可以买

◇ 做决策一定要把握市场变化 ◇

市场没有恒定不变的主题，也没有永远不变的盈利模式，不变的只有以变应变的经营策略。只有决策迎合了市场变化，才能把握商机，否则，就会被变化的市场所淘汰。

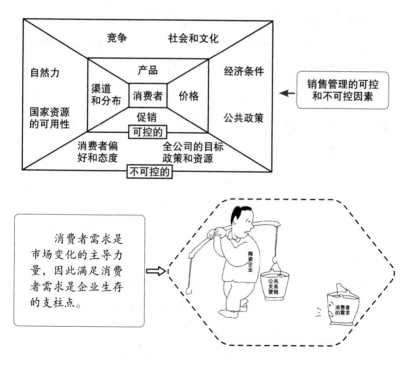

到 100 双袜子。

那时，约翰·甘布士还是一家织制厂的小技师。他马上把自己积攒的钱用于收购低价货物，人们见到他这股傻劲儿，都嘲笑他是个蠢材。

约翰·甘布士对别人的嘲笑漠然置之，依旧收购各工厂和商店抛售的货物，并租了很大的货仓来贮货。他有自己的计划，因为他相信不久这些货物就会成为宝贝。

他妻子劝他说，不要购入这些别人廉价抛售的东西，因为他们历年积蓄下来的钱数量有限，而且是准备用来做子女教养费的。如果此举血本无归，后果就会不堪设想。

对于妻子忧心忡忡的劝告，甘布士笑着安慰她道："3 个月以后，我们就可以靠这些廉价货物发大财了。"

甘布士的话似乎兑现不了。过了 10 多天后，那些工厂即使贱价抛售也找不到买主了，它们便把所有存货用车运走烧掉，以此稳定市场上的物价。

甘布士的妻子看到别人已经在焚烧货物，不由得焦急万分，便抱怨他。对于妻子的抱怨，甘布士一言不发。

终于，美国政府采取了紧急行动，稳定了丹维尔地区的物价，并且大力支持那里的厂商复业。这时，丹维尔地区因焚烧的货物过多，存货欠缺，物价一天天飞涨。原本计划把存货多留一段时间的甘布士决定把自己库存的大量货物抛售出去，一来可以赚一大笔钱，二来使市场物价得以稳定，不致暴涨不断。

在他决定抛售货物时，他的妻子又劝告他暂时不要忙着把货物出售，因为物价还在一天一天飞涨。他平静地说："是抛售的时候了，再拖延一段时间，就会后悔莫及。"

果然，甘布士的存货刚刚售完，物价便又跌了下来。他的妻子对他的远见钦佩不已。

后来，甘布士用赚来的钱，开设了5家百货商店，生意也十分兴隆。如今，甘布士已是全美举足轻重的商业巨子了。

甘布士的成功就在于预计到了市场的变化，并制定出有针对性的决策。这些决策不是对抗变化，而是依据变化而灵活实施。比如看到通货膨胀之后必然有一个恢复期，所以趁机收购货物等待升值。但是当市场上出现恢复的苗头时，他立即决定改变计划，开始抛售货物。甘布士的应变充分体现了一个成熟的商人制胜的秘诀，管理者应该从中有所启迪。

充分占有利于决策的信息

孙子说："故明君贤将所以动而胜人，成功出于众者，先知也。"意思是说："明君和贤将之所以一出兵就能战胜敌人，功业超越众人，就在于能预先掌握敌情。"敌情就是信息，也就是说，要想做出成功的决策，就需要占有利于决策的信息。

我们以索尼为例。1947年，美国著名的贝尔实验室发明了晶体管。相对于电子管而言，晶体管具有体积小、耗电少等显著优点，许多专家都认为电子管将要被晶体管所取代，但他们同时认为这种改变并非短期可以实现。当时在世界电子行业中称雄的几家大公司，如美国无线电公司和通用电气公司以及荷兰的飞利浦公司也认为晶体管取代电子管绝非易事。

当时，盛田昭夫领导下的日本索尼公司却看到了晶体管带来的巨大商机。此时的索尼公司还名不见经传，它太小了，只是一个做电饭锅的小公司。盛田昭夫认为，电子管和晶体管都是电子设备的基础元配件，晶体管的诞生，意味着一个电子应用全新领域的全面来临，从这个层面上讲，晶体管具有非常重要的战略价值。如果索尼能顺应形势，将快速成长为一家大公司。

◇ 洞察先机有利于正确决策 ◇

机会有很多，最早的机会意味着最大的空间和最大的市场和最具影响力。机遇在前，把握机遇和把握先机，并制定战略和实施战术，是事业得到发展，财富得到积累的最佳途径。

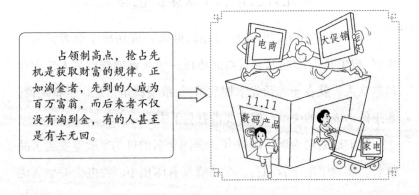

占领制高点，抢占先机是获取财富的规律。正如淘金者，先到的人成为百万富翁，而后来者不仅没有淘到金，有的人甚至是有去无回。

于是，这家当时在国际上还鲜为人知，而且根本不生产家用电器产品的公司，仅仅以2.5万美元的价格，就从贝尔实验室购得了技术转让权。两年后，索尼公司率先推出了首批便携式半导体收音机，与市场上同功能的电子管收音机相比，重量不到五分之一，成本不到三分之一。三年后，索尼占领了美国低档收音机市场，五年后，日本占领了全世界的收音机市场。

显然，索尼购买晶体管技术转让权并大举进入收音机市场的决策是极其成功的。其实，盛田昭夫能够做出如此成功的决策，就在于他获得了两大利于决策的关键信息：一是消费者具有希望电子产品越来越轻、越来越省电的消费期望，如果能够推出质量轻、带电时间长的收音机，一定会大受欢迎；二是晶体管的研制成功，使消费者期望具有满足的可能。所以，盛田昭夫相信，晶体管必然会为电子行业带来革命，谁最先占据晶体管市场，谁就把握住了未来的需求，谁就能在市场中处于主动位置。

对于企业管理者而言，要想成功决策，就需要掌握大量对决策有用的信息，从某种意义上说，决策者能否做出正确决策取决于他占有的信息量的多少。其实任何方案都是需要论证的，所谓的论证就是在不断地搜集信息的基础上，对方案提出质疑并进行完善的过程。为了确保决策的正确性，在决策过程中还需要相关人员的参与。比如在市场决策中，让一线销售人员参与会增加决策的准确度。让相关人员参与决策，其实也是获得利于决策的关键信息的一种重要方式。

好的决策要着眼于未来

孙子说："夫未战而庙算胜者，得算多也；未战而庙算不胜者，得算少也。"意思是说："未开战而在庙算中就认为会胜利的，是因为具备的制胜条件多；未开战而在庙算中就认为不能胜利的，是具备的制胜条件少。"孙子的这句话点出了成功决策的关键因素：战略决策者所面临的问题不是他的组织明天应该做什么，而是我们今天必须为不确定的未来做哪些准备。

管理大师德鲁克说，战略规划并不涉及未来的决定，它所牵涉的只是目前决策的未来性。决策只发生在目前。但目前的决策决定着未来的走向。

在1984年，本田技术研究所曾面临一次倒闭的危机，本田投下巨资增加设备，原本受欢迎的公司的商品销路却大减。种种困难，迫使本田公司难以负荷。在这种情况下，本田却宣布要参加国际摩托车赛，并宣称要制造第一流的摩托车，争取拿世界冠军。

这个决策在当时业内人士看来，简直是一个天大玩笑。就连本田内部的人也觉得管理者一定是被目前的窘境逼疯了。殊不知，本田的负责人有着自己清晰的算盘。他期望这种决策能够为未来称霸全球摩托市场赢得先机。

这个决策出台后，激发了本田职工的奋进之心。有一部分员工认为这种决策使得他们精神振奋，虽然以他们当时的技术来说，还无法同欧洲相比，但是，这种挑战燃起了他们冲天的信心。没有任何人是不可战胜的，只要甘于钻研，甘于付出。

本田负责人自己以身作则，为了研究开发技术，改良摩托车性能，不分昼夜，取消假日，每天都到公司努力工作，或许是他的敬业精神感动了员工，员工们个个精神抖擞，忘我工作，终于如期制造出第一流的摩托车参赛，并取得了骄人的战绩，本田公司也因此一举成名。

决策为未来的发展做好准备，这就需要决策管理者具有超前

◇ 决策者一定要有超前思维 ◇

凡事预则立，不预则废。这句古话说明，做任何事，事先具有准备和预见是成败的关键。要想具有正确的预见，就必须具备超前思维。

在充满竞争的市场上，企业领导者只有想在了他人前面，才能做在他人前面，才能把握先机，获得发展，使企业立于不败之地。

意识。超前意识是一种以将来可能出现的状况面对现实进行弹性调整的意识。它可以创造前景进行预测性思考，可以使我们调整现实事物的发展方向，从而帮助我们制订正确的计划和目标并实施正确的决策。

"二战"时期，美国有家规模不大的缝纫机工厂，由于"二战"影响，生意非常萧条。工厂厂主汤姆看到战时除了军火生意外，百业凋零，但是军火生意却与自己无缘。于是，他把目光转向未来市场，一番思索后他告诉儿子保罗："我们的缝纫机厂需要转产改行。"保罗奇怪地问他："改成什么？"汤姆说："改成生产残疾人使用的小轮椅。"尽管当时很不理解，不过保罗还是遵照父亲的意思办了。一番设备改造后，工厂生产的一批批轮椅问世了。

正如汤姆所预想的，很多在战争中受伤致残的人都纷纷前来购买轮椅。工厂生产的产品不但在美国本土热销，连许多外国人也来购买。保罗看到工厂生产规模不断扩大，实力也越来越强，非常高兴。但是在满心欢喜之余，他不禁又向汤姆请教："战争马上就要结束了，如果继续大量生产轮椅，其需求量可能已经很少了。那么未来的几十年里，市场又会有什么需求呢？"

汤姆胸有成竹地笑了笑，反问儿子说："战争结束了，人们的想法是什么呢？""人们已经厌恶透了战争，大家都希望战后能过上安定美好的生活。"汤姆点点头，进一步指点儿子："那么，美好的生活靠什么呢？要靠健康的体魄。将来人们会把健康的体魄作为主要追求目标。因此，我们要准备生产健身器。"

一番改造后，生产轮椅的机械流水线被改造成了生产健身器的流水线。刚开始几年，工厂的销售情况并不好。这时老汤姆已经去世了，但保罗坚信父亲的超前思维，依旧继续生产健身器材。十几年的时间，健身器材开始大量走俏，不久就成为畅销货。当时美国只有保罗这一家健身器材工厂，所以保罗根据市场需求，不断增加产品的产量和品种，随着企业规模的不断扩大，保罗跻身到了亿万富翁的行列。

第三章

营销管理：

让客户掏钱变得更主动

营销管理要集思广益

作为管理者，只有给下属以积极的心态，才会促使他们给你提供更多、更好的建议，去参与市场经济的竞争。作为一个管理者，必须正确对待下属的建议。

面对一个好主意，人们首先的反应是排斥它，这个主意如果是别人提出的，则更有甚之。绝大部分的人都希望有创见的好主意是自己想到的，所以当他们听到新东西，很自然会变得警惕起来。他们会这样想："为什么我没有想到这个？"接下来就会用各种借口和自我辩解来攻击这个建议。

有个经理曾建议公司经营所谓的"大学简介"录像带。

按照这个想法，他们公司将制作介绍几十个有名的大学的录像带，然后，他们再将这些录像带投入市场向那些将要报考大学的学生家长推销。有了这种廉价的方法，家长们就可以省去访问学校的费用了。那些大公司作为高等教育的受惠者也许会争着抢着来赞助这些录像片的制作呢。从表面上看，这是一个极好的主意。

其中的角色有年轻的学生、富裕的家长，还有那些努力接近他们的公司。除此之外，他们公司作为电影制片人以及为公司提供营销咨询的特长也得到了发挥。但是，想到过去的经验，要将这些录像盒带销到美国每个高中生的手中是不可能的事情。先不说家长们会仅仅根据 30 分钟的录像片来决定 4 万美元到 6 万美元的学费投资，首先他们就没有一个经济有效的方法让家长们都得到这些录像带。

这样一个项目要花很多钱、时间和人力，而等到他们获得报偿的时候（假如有这样的时候），他们辛辛苦苦得来的经验又成为竞争对手们的现成方案。

这样一个建议可能非常好，可是它既无利润，也缺乏自我保护能力。

董事会认为此建议不可取，就很委婉地回绝了这位经理的建议。

对他们公司而言，在商业界生存意味着时时在冒险与报偿之间取得平衡。

不管一个建议听起来是多么地美妙，或者多么地糟糕，他们注意的是将来的结果。

◇ 群策群力让营销管理更完善 ◇

"群策群力"实质上是疏通内部意见的程序，其宗旨是集思广益，寻求共同的解决意见。最终的目的是让各部门的各级成员都能直接参与公司目标、决策的制定。

群策群力八步走

| 建立信任 | 筛选提案 | 去除官僚 | 投入资金 | 确定方案 | 执行方案 | 评估效果 | 进行奖励 |

武大炊饼有限公司

韦尔奇曾说："我们一直管理着比我们知道得更多、做得比我们更好的人。""群策群力"不会只是在一段时间内进行，必将伴随着企业一起成长，为企业发展推波助澜，也会大大加强员工与企业之间的凝聚力。

面对一个新建议，必须要经过认真考虑才能做出决定。

如果建议不经过认真分析，就盲目地投入生产，那后果就可能是白白浪费了时间与精力。但也不能因此打消职员提建议的积极性。

那么，怎样才能做到"集思广益"呢？下面就是比较常规的做法：

1. 给下属机会

（1）主管人员应放下自己架子；

（2）与下属经常谈话，让他们谈谈自己的想法；

（3）鼓励下属提建议，适当地设置一些奖励措施；

（4）主管人员要认真听取下属的建议。

2. 对下属的建议进行分析

（1）把下属的多个建议进行比较，找出其中最佳的作为计划方案；

（2）召开常务会议，让大家进行讨论；

（3）让下属自己阐述他提此建议的目的以及此建议有何好处；

（4）看此建议是否有利于在市场上参与竞争；

（5）看此建议是否能给企业带来可观的效益，并且这个建议无损企业形象。

3. 对下属的态度

（1）对提建议的人员要友好对待，并鼓励他继续努力；

（2）不要以个人经验或秉性去对待下属的建议；

（3）采取谨慎的态度；

（4）对一些"馊主意"要苛刻地对待。

抓住消费者心理

怎样才能抓住消费者的心理呢？首先，我们必须认清消费者一般都有哪些消费心理。

消费者的购买心理，表现在以下若干方面：

1. 求"实"心理。首先要求商品必须具备实际的使用价值，选购商品时注重商品质量和实际效用，讲求商品适用、耐用，并要求周到的服务。

2. 求"安全"心理。消费者要求在使用商品中，必须保障安全。尤其像食品、饮料、药品、洗涤用品、卫生用品、电器用品和交通工具等，更要求安全可靠。

3. "喜新"心理。追求商品的新颖和时髦，注重社会的流行式样。一般消费者对新产品兴趣浓厚。有些人有求"奇"心理，购买商品喜欢新奇，以引人羡慕。

4. 求"美"心理。爱美是人的一种本能和普遍要求。消费者会因为某种商品形态优美、款式独特、装潢漂亮、包装精美而产生购买愿望。

5. 求"廉"心理。选购商品讲求经济实惠，对质量相近的商品，一般选购价格较低的。有些消费者则喜欢购买削价处理的商

◇ 营销策略一定要切合消费者心理 ◇

消费者心理是指消费者在购买和消费商品过程中的心理活动。只有当商品满足了消费者心理需要，消费者才会产生购买动力，进而成交。因此在制定营销策略时务必要切合消费者心理。

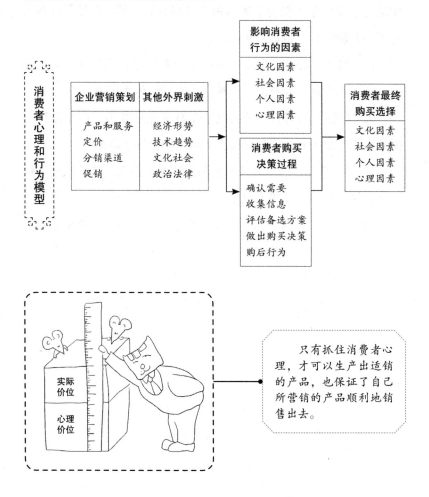

只有抓住消费者心理，才可以生产出适销的产品，也保证了自己所营销的产品顺利地销售出去。

品和廉价折扣商品。

6."慕名"心理。一般消费者都喜欢名牌产品，对名牌产品给予很高的信赖感。

7."从众"心理。社会风气和周围环境往往会给购买者一种驱动力，使一个人努力想买到别人已拥有的商品。如见了许多人买了一套新家具，也仿效买来。

8."偏好"心理。由于个人的情趣和爱好，而形成了对某类商品的特殊爱好。如有的人以精神上求得快乐为主要目的。

9."好胜"心理。这种人购买某种商品往往不是由于急切的需要，而是为了赶上或超过他人，以求得心理上的满足。

10."疑虑"心理。对某种商品的质量、性能、功效持有怀疑态度，如怕使用不便或不耐用。

11."逆反"心理。人们往往对越是禁止的事情，越是感到好奇；越是得不到的东西，也越是向往。如买涨不买落，时尚的流行往往从一端转到另一端。

12."颜色倾向"心理。不同的消费者对不同的颜色有不同的指向性和偏爱。因为不同的颜色会使人们产生不同的心理感受，轻重感、距离感和明亮感，还会引起人们不同的联想，使人产生疲劳感或愉悦感等。

13."选择"心理。对商品希望得到挑选机会，在购买过程中要求受到尊重，同时有迅速达成交易的求"速"心理。

如何选择渠道成员

直销渠道，可以让厂商直接从一线获得消费信息，去除中间利润环节，将利润让利给消费者。但是，直销在资金、人员上的投入也是比较多的。间接渠道的优点在于通过将市场交与其他商家共享，因此市场的风险相对比较少，但在政策的执行和监管等方面的管理上相对难度加大。那么到底如何选择？

1. 渠道长短的选择

（1）选择长渠道的条件：

① 生产与消费的时、空距离较大；

② 消费者不太集中，分散性较大；

③ 生产或需求一方有季节性；

④ 消费者每次购买的是数量不多，而单价又较低的"便利品"；

⑤ 商品具有耐久性；

⑥ 标准化较低的商品；

⑦ 售中与售后不需要技术指导与服务的商品。

（2）选择短渠道的条件：

① 产地与销地距离较近；

② 生产企业自身资金雄厚并能大量生产；

③ 消费者比较集中，或购买者能大量采购；

④ 生产与需要有连续性、持久性、变化不大；

⑤ 消费者购买的商品数量少、单价高；

◇ 善用激励保持营销渠道畅通 ◇

渠道因素将直接影响其他营销决策的制定和效果。厂家必须激励和管理好渠道上每个层级的中间商，而在对消费者举办促销活动时，更需要各级成员的积极响应与支持配合方能取得成功。

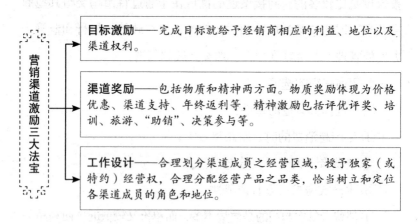

营销渠道激励三大法宝

目标激励——完成目标就给予经销商相应的利益、地位以及渠道权利。

渠道奖励——包括物质和精神两方面。物质奖励体现为价格优惠、渠道支持、年终返利等，精神激励包括评优评奖、培训、旅游、"助销"、决策参与等。

工作设计——合理划分渠道成员之经营区域，授予独家（或特约）经营权，合理分配经营产品之品类，恰当树立和定位各渠道成员的角色和地位。

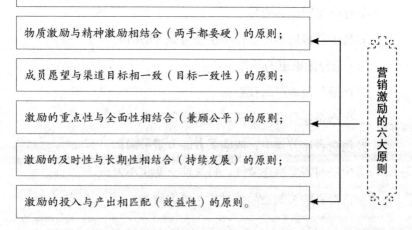

具体问题具体分析（因时因地因企业而异）的原则；

物质激励与精神激励相结合（两手都要硬）的原则；

成员愿望与渠道目标相一致（目标一致性）的原则；

激励的重点性与全面性相结合（兼顾公平）的原则；

激励的及时性与长期性相结合（持续发展）的原则；

激励的投入与产出相匹配（效益性）的原则。

营销激励的六大原则

管理学越简单越实用
GUANLIXUE YUEJIANDANYUESHIYONG

⑥ 所经营的商品不易保存或易腐烂；

⑦ 商品的标准化程度高；

⑧ 商品的品种繁多而且需求变化大；

⑨ 商品新上市；

⑩ 商品售后需要技术指导与服务。

2. 渠道宽与窄的选择

（1）广泛分销——在同一地区经销的数目不加限制，越多越好。如日用工业品就需要有较多的批发商和零售商来推销。

（2）有选择的分销——在一定的地区内选择几个中间商去推销，适于消费品中的选购品、特殊品和工业品中零配件的销售。

（3）独家中间商经销——在一定的市场区域内，只选择一家批发商或零售商经销其产品，并规定经销商不得再经销别的厂家同类竞争性产品。通常贵重、高价商品宜采用这种方法。

3. 对中间商的选择

按是否拥有商品所有权，中间商可划分为经销商和代理经销商。前者除具有商品所有权外，还具有全部销售功能和可以直接收付货款；后者不具有商品所有权，在销售活动中只收取佣金。代理商又分企业代理商、销售代理商、进货代理商、寄卖商、经纪商等。

依据中间商在商品流通中所处的地位划分，有批发商和零售商。批发商按服务功能又分为综合批发商和专业批发商。前者提供运营的各项服务功能；后者提供部分服务功能，如承运批发商、货车贩运批发商、现货自运批发商等。零售商又分专业商店、百货商店、自选商场、购物中心、连锁商店、综合商店、邮购商店等。

选择中间商总的要求是：能以最有效率的方式和最低的费用销售商品，具体应考虑以下几个因素：

（1）中间商要具有比较有利的地理位置：批发商应处在交通发达地段，零售商应在城镇主要街道、热闹区域。

（2）中间商所联系的消费对象是制造商所期望的销售对象。

（3）中间商的经营能力，包括经营管理者的才干、知识、业务经验、企业的推销能力、企业的信誉及资金状况。

（4）中间商为顾客提供服务的条件，如送货上门、信用销售、技术指导、配备零件及维修保养等。

（5）中间商经营商品的品种状况。生产企业应选择能够经营连带商品的中间商。

不断争取新客户

通常，管理者会千方百计地去推销自己的产品：广告、上门销售、营业推广、公共关系等。经过一番努力，企业拥有了较为固定的客户群以后，产品很顺利地走出公司，装上这些客户的卡车。此时，老板们都会高枕无忧地喘一口气，也不再做过多的努力。他们所做的，往往是维系自己与这些客户的关系。

管理者不想去争取更多的客户，究其原因，主要就是缺乏争取客户的直接动力。一旦拥有固定的老客户群，公司的产品会很顺利地销售出去，在企业生产规模定型的情况下，老板们想当然地认为，自己根本没有必要去寻找新面孔。况且，寻找新客户既浪费金钱又消耗精力，这往往又是老板们不愿寻找新客户的一个托辞。

　　千万不能这样做！不管你的销售有多么稳固、现有的客户群多么值得信赖，你都不应放弃争取新的客户。不管是企业，还是个体小商贩，之所以要不断进行争取客户是因为：

　　（1）老客户会不断挑剔你的服务；

　　（2）一旦存在更有利的条件，老客户会放弃你而重新选择；

　　（3）新客户可能会给你提供更优厚的条件；

　　（4）老客户依仗关系熟知，会不断压低售价并拖欠货款；

　　（5）你的产品不能永远满足老客户的需求；

　　（6）新客户与老客户会形成一种竞争的局面，使你的处境更加主动；

　　（7）新客户可能会为你带来新思维。

　　大多数的管理者还不适应在事业稳定发展阶段争取新客户。即使有时头脑中闪现这种念头，也不能长久地落实到行动上。大多时候，管理者面对顾客数量的变动无计可施，没有办法争取新的顾客群。争取新客户不是随意就能做到的，必须通过一定的途径：

　　（1）用广告方式，树立良好的企业形象；

（2）利用每一次参加展销会的机会，不断结识新的伙伴与客户；

（3）互联网搜索；

（4）留心相关客户的广告宣传；

（5）制定对新客户有利的销售政策（千万不可损害老客户的利益）；

◇ 如何开发新客户 ◇

"如何开发新客户"是每一个营销人都会面对的任务，更是必须完成的首要任务，因为这是企业经营业绩持续增长的前提。

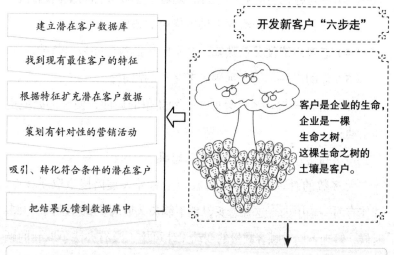

建立潜在客户数据库

找到现有最佳客户的特征

根据特征扩充潜在客户数据

策划有针对性的营销活动

吸引、转化符合条件的潜在客户

把结果反馈到数据库中

开发新客户"六步走"

客户是企业的生命，企业是一棵生命之树，这棵生命之树的土壤是客户。

管理者都该明白客户对企业的重要性。没有了客户，企业便失去了生存的根基。而新客户的持续开发便是为企业发展注入源源不断的活力。

（6）做产品的营销推广（如各地巡回展销）；

（7）给相关新客户送企业产品信息。

同时，有一个问题值得关注：在争取新客户的同时，千万不可怠慢了老客户，特别是那些对企业意义重大的大客户。要充分确保对新客户的吸引政策不得比老客户更为优惠，最佳的办法是一视同仁，平等相待。

进行有效的价格管理

面对客户提出的降价要求，营销大师卡内基是如何处理的呢？他有何秘诀？对于价格，卡内基有两条基本的信念：一是物价越低，才越能刺激消费，从而反作用于生产，进一步降低价格。这是卡内基终身遵循的。二是价格是一个综合指数，包括成本，也包括服务、利润等，合理的定价是不应该随意变动的。

基于上述信念，卡内基在生产中尽可能降低成本，以低廉的价格出售；另外，在市场上不随意减价。这就是说，卡内基降价的功夫是在工厂里就做足了的，这是降价的秘诀。那么，卡内基不降价的秘诀又是什么呢？

第一，纠正错误行情。卡内基在技术力量薄弱的情况下，很快就制造出了新产品，面对这种新产品的销售，卡内基要求其定价要比市场上销售的货品高一些。他认为，有些商人认为新产品一开始就减价的做法并不可取。他以大家都是商人的立场剖析产

◇ 建立企业价格调整机制 ◇

企业为某种产品制定出价格以后，并不意味着大功告成。随着市场营销环境的变化，企业必须对现行价格予以适当的调整。

企业价格调整策略

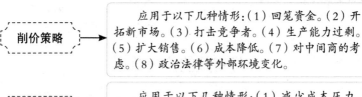

削价策略 ➡ 　　应用于以下几种情形：(1) 回笼资金。(2) 开拓新市场。(3) 打击竞争者。(4) 生产能力过剩。(5) 扩大销售。(6) 成本降低。(7) 对中间商的考虑。(8) 政治法律等外部环境变化。

提价策略 ➡ 　　应用于以下几种情形：(1) 减少成本压力。(2) 减少企业损失。(3) 产品供不应求。(4) 利用顾客心理创造优质效应。

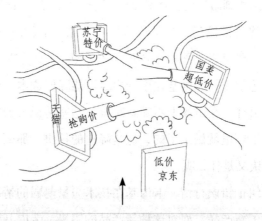

苏宁特价

国美超低价

天猫 抢购价

低价京东

　　商品价格不能一成不变，应经常根据消费者的消费需要和消费行为习惯，适时做出调整，只有这样，企业才会在竞争日益激烈的现代商战中立于不败之地。

品的价格成分，指出其合理性，请求推销商帮助，以图共存共荣。在卡内基的劝说下，推销商们当然是深明其理的，况且这里也有自己销售利润的问题。这样，大家就接受了卡内基的价格，结果很好。

第二，击败杀价高手。卡内基在创业初期，推销商品时，价格问题常常成为争论的中心，卡内基经常碰到"杀价高手"。有一位杀价高手很厉害，你越说利润薄、生意难做，他就越是拼命杀价。就在卡内基将要认输的时候，他面前浮现出了工厂里挥汗劳作的员工的形象。于是把工厂的情形和对方说了："大家都是这样挥汗劳作的，好不容易才生产出这样的货品，价格也合理。如果再杀价，那生意就没法做了。"就这样，对方同意了。于是，这笔交易也就做成了。

卡内基的条件是不立刻否定大杀价。有时候，价格可能合理，但与购买能力脱节，就不应该一概而论地否定大杀价了。一次，一位经销商要求用低于现价 1/3 的价格进货。

后来得知对方是以世界标准和购买能力来要求降价的，卡内基没有立即否决他的要求，而是希望对方先以原价销售，给自己一定的时间改良产品，然后以对方要求的价格交易。如此，对方接受了这种暂时的价格，卡内基下令加紧电器改良进程。最后卡内基说："不要把降价要求当作荒唐的无稽之谈，不妨检讨一下看看。如果对方拿国际标准的价格来杀价，不可以认为这是无理取闹，而必须从所有的角度来研究其可行性。"

用诚实赢得顾客

人的个性千差万别，有的含蓄、深沉，有的活泼、随和，有的坦率、耿直。含蓄、深沉者可以表现出朴实、端庄的美，活泼、随和者可以表现出热诚、活泼的美，坦率、耿直者也有透明、纯真之美。人生纯朴的美是多姿多彩的。在各种美的个性之中，有一种共同的品性，就是真诚。

这里所说的真诚就是心术正，表里如一；对人坦率正直，以诚相见。应该说，真诚是人生的命脉。做人失去真诚，不仅会失去别人信任，而且也会失去自信。真诚首先是人的内在素质中的道德品性，最根本的要求是心正、意诚、做事正派，忠于自己应负的社会责任，坚持真理和正义的原则。

这里强调了为人真诚的一个基本要求，就是具有社会责任感，忠于自己的社会责任。没有社会责任感，不忠于自己应负的社会责任，就不会有真诚。真诚固然要自我坦白，自己对得起自己，但它必须首先肯定自己的社会责任，在自我与社会、他人的关系中，自见其真诚。

真诚不是天生的，没有所谓"自明诚"的天性。真诚只能是后天的，在社会关系及其所要求的责任中，养成真诚的品格，即所谓"自明诚""明则诚"。因此，真诚不但要求一个人明确自己的社会责任，更要用自我牺牲的精神去履行自己的责任。从这个意义上说，否认自己应负的社会责任，只求洁身自好，这是一种虚伪的表现。

不同的环境条件下，真诚所体现的自我意识也深浅不一，其表现的人格和境界也程度不一。真诚的最低层次的要求是不说谎，直接地说出目的。在复杂的社会事物和人生活动中，目的和手段要有一定的分离，即使用"说谎"的手段，达到更高的正义的目的。医生为了减轻病人的负担，以利于治病救人，往往向病人隐瞒病情，编造一套谎话欺骗病人。这样才能使病人早日康复。它表现的不是虚伪，而是更高、更深层的真诚，是出于高度的社会责任的真诚。

纯朴和真诚，就是要求人们如实地认识自己，表现自己，中国有句古话"鬻马馈缨"。就是马卖出去以后，并随之把披在马身上的漂亮的带子赠送给买主。企业中的"缨"泛指售后服务。美国企业家吉拉德曾为他的发迹诀窍自豪地说："有一件事许多公司没能做到，而我却做到了，那就是我坚信销售真正始于售后，并非在货品出售之前。"

这种始于产品销售之后的营销谋略，有人称之为"第二次竞争"。世界上许多优秀的企业无不注意这种售后服务。如美国的凯特皮纳勒公司是世界性的生产推土机和铲车的公司。它曾在广告中说："不管在世界上哪一个地方，凡是买了我公司产品的人，需要更换零配件时，我们保证在48小时内送到你们手中，如果送不到，我们的产品就白送给你们。"

他们说到做到，有一次为了把一个价值只有50美元的零件

送到边远地区，不惜用一架直升机，费用竟达 2000 美元。有时候无法按时在 48 小时内把零件送到用户手中，他们就真的按广告说的那样，把产品白送给用户。长此以往，由于经营信誉高，这家公司经历 50 年而不衰。

日本大企业家小池说过："做生意成功的第一要诀就是诚实。诚实就像树木的根，如果没有根，树木就别想有生命了。"

小池出身贫寒，20 岁时就在一家机器公司当推销员。有一段时期，他推销机器非常顺利，半个月内就跟 33 位顾客做成生意了。之后，他发现他卖的机器比别的公司出品的同样性能的机器昂贵。他想同他订约的客户如果知道了，一定会对他的信用产生怀疑。于是大感不安的小池立即带着订约书和订金，整整花了三天的时间，逐家逐户去找客户。然后老老实实给他们说明，他所卖的机器比别家的机器昂贵，为此请他们废弃契约。

从表面上看来，小池的做法是在"自毁长城"，而事实上并非如此，后来这 33 个人都被小池的诚实所感动。都没有与他废约，相反地，他们更加信任小池了。

诚实真是具有惊人的魔力，它像强力的磁石一样具有无比强大的吸引力。其后，人们就像小铁片被磁石吸引似的，纷纷前来他的店购买东西或向他订购机器。不久，小池就成了日本有名的大富翁。

小池后来常常告诫他的员工说："你们应该记住，做生意最重要的就是要有为顾客谋福利的正确观念，这比玩弄花招重要得多。"

许多商人盲目地追求发财致富，有时甚至不择手段。为了达到这个目的，他们漫天要价，制假贩假，靠不法手段赚钱，而且，他们还以为这是条"发财"的捷径。殊不知，这种做法可以蒙骗少数顾客，但不能永远蒙骗所有的顾客，"西洋镜一旦被捅破，倒霉的还是自己"。而真正聪明的经营者都懂得，做商业靠的是信誉，以诚待客客自来，顾客的信任才是企业生存的基础。

◇ 以诚信为本打造良好信誉 ◇

古人常说"人无信而不立"，企业也一样，无诚信则无信誉。诚信不但是一个企业的立足之本，还是其持续发展的必备条件。

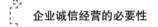

企业诚信经营的必要性

> 诚信经营是企业使命的要求。

> 诚信经营是企业可持续发展的战略要求。

> 诚信经营是企业做强做大的基础。

> 诚信是企业的市场通行证，一个诚信经营的企业必然会向消费者提供优质的产品、合理的价格和优质的服务。企业只有取信于消费者，才能寻找到客户，争取到客户，乃至长期留住客户。

第四章

人事管理：

把人管好，把事做好

评估只能看绩效

不管是企业的领导决策者，还是经营管理者，都会面临这样的问题：怎样才能让员工发挥出巨大的作用、创造出卓越的绩效呢？"建立高效的团队、借助集体的力量来创造卓越的绩效"等相关的论述其实描述的是一种结果，而非操作过程。它们说明的是一种状态：管理者们起着催化剂一样的作用，在此过程中也许可以让公司看到他们做了些什么，但并不能说明他们是怎样做的，比如如何建立一支高效的团队、如何充分发挥集体的力量等。

那么，管理者们到底怎样释放下属的潜在能量呢？他们怎样选人、设定期望，以及如何激励和培育每一位员工，以建立一支高绩效的团队呢？随着实践层次的进一步加深，管理者们的核心职能描述与理论间的差异可能也变得越来越明显。例如，传统的理论观点可能在他们的核心职能方面做如下建议：

选人——对求职者进行面试，询问他的经验、智力和决心；设定期望值——明确地告诉员工公司对他的期望，并确定恰当的步骤对期望值进行设定；激励员工——帮助他确定和克服他的弱点，并通过适当的物质和精神手段强化激励的作用，使员工能够向着更好的方向发展；培育员工——帮助他们学习和提拔他们，促使他们走向前一梯队。

但仔细研究实践工作中那些创造出杰出绩效的管理者的观点后，你会意识到，虽然上述的建议看似无懈可击，但还有些非常细小却值得注意的因素并没有凸现出来。这些没有凸现出来的细节因素，足以使我们在实际工作中迷失方向。仅仅依靠经验、智力和决心来选人，不可能建立一个杰出的团队；确定恰当的步骤和弥补个人的弱点也不是产生持续的、卓越的绩效的最有效方法。将一个人推向前一梯队也完全违背了"培育"的精髓。

这就要求我们：选人时，应该选择真正有才干的人，而不是仅凭经验、智力和决心的人；设定期望值时，应该针对不同的人确定恰当的成果和目标，而不仅仅是恰当的步骤；激励员工时，应关注他的实力和优势，而不是弱点；培育员工时，应帮助他找到合适的、能够最大限度地发挥个人能力的位置，而不仅仅是提升到前一梯队。

为什么要绩效管理？为什么越来越多的企业要建立绩效管理

系统？要回答这些问题，至少应该考虑以下几个方面：

1. 绩效管理的有效性

自 20 世纪 80 年代以来，市场竞争日趋激烈，在这种竞争中，一个企业要想取得竞争优势，必须不断提高其整体效能和绩效。

◇ 引进绩效管理提升企业整体绩效 ◇

绩效管理是指管理者与员工之间就目标与如何实现目标上达成共识的基础上，通过激励和帮助员工取得优异绩效从而实现组织目标的管理方法。其目的是持续提升个人、部门和组织的绩效。

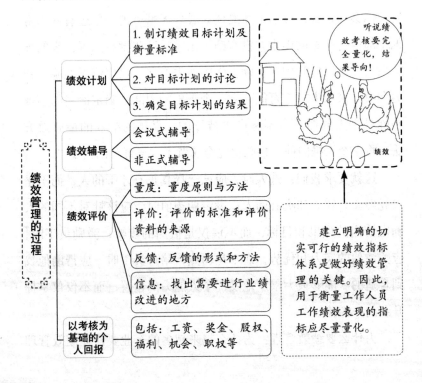

绩效管理的过程

绩效计划
1. 制订绩效目标计划及衡量标准
2. 对目标计划的讨论
3. 确定目标计划的结果

绩效辅导
会议式辅导
非正式辅导

绩效评价
量度：量度原则与方法
评价：评价的标准和评价资料的来源
反馈：反馈的形式和方法
信息：找出需要进行业绩改进的地方

以考核为基础的个人回报
包括：工资、奖金、股权、福利、机会、职权等

听说绩效考核要完全量化，结果导向！

绩效

建立明确的切实可行的绩效指标体系是做好绩效管理的关键。因此，用于衡量工作人员工作绩效表现的指标应尽量量化。

实践证明，提高绩效的有效途径是进行绩效管理。因为绩效管理是一种提高组织成员的绩效和开发团队、个体的潜能，使组织不断获得成功的管理思想和具有战略意义的、整合的管理方法。通过绩效管理，可以帮助企业实现其绩效的持续发展；促进并形成一个有绩效导向的企业文化；激励成员，使他们的工作更加投入；促使成员开发自身的潜能，提高他们的工作满意度；增强团队凝聚力，改善团队绩效；通过不断的工作沟通和交流，发展成员与管理者之间的建设性的、开放的关系；给成员提供表达自己的工作愿望和期望的机会。

2. 可以促进质量管理

组织绩效可以表现在数量和质量两个方面。近年来，质量已经成为组织绩效的一个重要方面，质量管理已经成为人们关注的热点。实际上，绩效管理过程可以加强全面质量管理。因为绩效管理可以给管理者提供管理全面质量的技能和工具，使管理者能够将全面质量管理看作组织文化的一个重要组成部分。

3. 改革管理绩效的措施

多数结构调整都是对社会经济状况的一种反应，其表现形式各种各样，如减少管理层次、减少规模、适应性、团队工作、高绩效工作系统、战略性业务组织、授权等。调整组织结构后，管理思想和风格也要相应地改变，如给成员更多的自主权，以便更快更好地满足客户的需求；给成员更多的参与管理的机会，促进他们对工作的投入，提高他们的工作满意度；给成员更多的支持和指导，不断提高他们的胜任特征，等等。而所有这一切都必须通过建立绩效管理系统，才能得以实现。

绩效管理的过程通常被看作一个循环。这个循环的周期通常分为四个步骤，即绩效计划、绩效实施与管理、绩效评估与绩效反馈。经过上面的四个环节，就经历了一个绩效管理的循环。在这个循环中所得到的绩效评估结果具有多种作用。首先，绩效评估的结果有助于成员工作绩效和工作技能的提高，通过发现成员在完成工作过程中遇到的困难和工作技能上的差距，制订有针对性的成员发展计划和培训计划；其次，绩效评估的结果可以比较公平地显示出成员对组织做出的贡献的大小，据此可以决定对成员的奖励和报酬的调整。此外，通过成员的绩效状况，也可以发现成员对现有的职位是否适应，根据成员绩效高于或低于绩效标准的程度，决定相应的人力资源变动，使成员能够从事更适合自己的工作。

将人力看作资源

德鲁克说，管理人员爱说，"我们最大的资产是人员"。他们喜欢重复一种老生常谈：一个组织同另一个组织的唯一真正区别就在于人员的成绩不同，至于其他的资源都是相同的。管理的任务在于用心保护组织内部的资产。而当知识型员工的个人知识成为了一种资产，而且日益成为组织的核心资产时，这意味着管理者有必要重视这项组织中最重要的资源。

在松下电器公司的一期人事干部研讨会上，松下莅临讲话并直接发问："你在拜访客户时，如果对方问你，松下电器是制造什么产品的公司，你们如何回答？"业务部的人事科长恭恭敬敬地回答："我会这样说：松下电器是制造电器产品的公司。"

"错！像你这样回答是不负责任的！你们整天都在想什么？"松下的训斥声顿响彻整个会场。难道真的错了吗？难道松下电器公司不是生产电器产品的吗？参会者都莫名其妙，遭训斥的人事科长更是不明白哪里错了。

松下脸色十分难看，拍着桌子怒火冲天地说："你们这些人都在人事部门任职，难道不懂得培育人才是你们人事干部最主要的职责吗？如果有人问松下电器是制造什么的，你们就要回答松下电器是培育人才的公司，并兼做电器产品！经营的基础是人，对于这一点，我不知说过多少遍。在企业经营上，资金、生产、技术、销售等固然重要，但人却是经营的主宰，归根结底人是最重要的。如果不从培育人才开始，那松下电器还有希望吗？"

其实，早在创业初期，松下就已经认识到，拥有优秀的人才，事业就能繁荣；反之就会衰败。松下公司重视知识型人才、科研和智力开发，当有人问，松下公司最大的实力是什么，松下幸之助回答：是经营力，即经营者的能力。他指出："掌握了经营关键的人是企业的无价之宝。"所以，松下强调在出产品前出人才，在制造产品前先培养人才。

为了达到"造人先于造物"的目的，松下开办了在职训练指南，又称为 OJT 指南，指的是员工在日常工作中的培训教育。为适应公司全体员工培训工作的全面展开，松下电器在职训练策划人宫木勇编写了《松下电器的在职训练》一书，洋洋洒洒写了 10余万字。松下的心血没有白费，他"造人先于造物"的方针让他成为世界经营之神，让松下电器誉满全球。

比尔·盖茨说，即使他一无所有，只要公司的人在，他依然可以再造一个微软。"千军易得，一将难求"，市场竞争归根到底就是人才竞争。

将人力看作资源，而非成本，企业管理者对观点的实践远比观念认知更为重要。对于管理者的实践，德鲁克提出了两条建议：首先，当然要使工作和劳动力承担起责任和有所成就。必须由实现工作目标的人员同其上级一起为每一工作制定目标。必须使工作本身富于活力，以便职工能通过工作使自己有所成就。而职工则需要有要他们承担责任而引起的要求、纪律和激励。

其次，管理人员必须把同他一起工作的人员看成他自己的资源。他必须从这些人员中寻求有关他自己的职务的指导。他必须要求这些人员把帮助他们的管理人员更好、更有效地做好自己的工作当成自己的责任。管理人员必须使他的每一个下属承担起对上级的责任和做出相应的贡献。

做到这点的一种方法是使每一个下属对以下一些简单问题深入思考并做出回答："我作为你们的上级所做的事以及公司所做

的事中，有些什么对你们的工作最有帮助？""我作为你们的上级所做的事以及公司所做的事中，有些什么对你们的工作最有妨碍？"以及"你们能做些什么，使得作为你们的上级的我能为公

◇ 人力资源是企业的核心资源 ◇

人力资源已经成为决定一个企业成败的关键因素，是一切资源中最重要的资源。有效发挥人力资源在核心竞争力中的重要作用，对于提高企业核心竞争力具有重要意义。

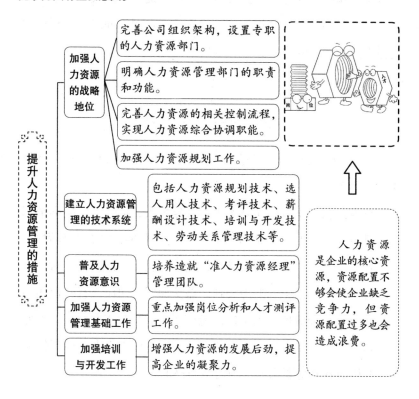

提升人力资源管理的措施

加强人力资源的战略地位
- 完善公司组织架构，设置专职的人力资源部门。
- 明确人力资源管理部门的职责和功能。
- 完善人力资源的相关控制流程，实现人力资源综合协调职能。
- 加强人力资源规划工作。

建立人力资源管理的技术系统
- 包括人力资源规划技术、选人用人技术、考评技术、薪酬设计技术、培训与开发技术、劳动关系管理技术等。

普及人力资源意识
- 培养造就"准人力资源经理"管理团队。

加强人力资源管理基础工作
- 重点加强岗位分析和人才测评工作。

加强培训与开发工作
- 增强人力资源的发展后劲，提高企业的凝聚力。

人力资源是企业的核心资源，资源配置不够会使企业缺乏竞争力，但资源配置过多也会造成浪费。

司工作得最好？”

这些问题似乎很简单，但却很少有人提出来。而如果有人提出了这些问题，其答案也并不是明确的。有些管理人员本来是为了帮助其下属的工作而做的事，却对其下属完全没有帮助，而实际上是妨碍了他们。而他的下属中，却很少有人考虑一下他们能做些什么来帮助他们的上级工作得更好。

这些问题迫使管理人员及其下属都把注意力集中于取得共同的成绩，集中于相互之间的关系。这可能促使管理人员对他的下属产生一种新的看法，把他们看成自己的资源，同时也引导他们把他看成他们的资源。

用人时要不拘一格

年仅21岁的比尔·盖茨任用42岁的女秘书就是不拘一格使用人才的典型。

创业之初的微软公司基本上都是年轻人，搞业务、搞推销都是一把好手。可是弄起内务和管理方面的杂事，没有人有耐心。第一任秘书是个年轻的女大学生，除了自己分内的工作，对任何事情都是一副不闻不问的冷漠劲。盖茨深感公司应该有一位热心爽快、事无巨细地把后勤工作都能揽下来的总管式女秘书，不能总让这方面的事情分他的心。他要求总经理伍德立即解雇现任秘书，并限时找到他要求的那种类型的秘书。

不久，盖茨在自己的办公室召见了伍德，伍德一连交上几个年轻女性的应聘资料，盖茨看后都连连摇头。"难道就没有比她们更合适的人选了？"伍德犹犹豫豫拿出一份资料递到盖茨面前，"这位女性做过文秘、档案管理和会计员等不少后勤工作，只是她年纪太大，又有家庭拖累，恐怕……"不等伍德说完，盖茨已经一目十行地看完了这份应聘资料："只要她能胜任公司的各种杂务而不厌其烦就行。"就这样，盖茨的第二任女秘书、42岁的露宝上任了。

　　几天之后的早上，露宝坐在自己的位置上，看到一个男孩子直闯董事长盖茨的办公室，经过她面前时只是"嗨"地打一声招呼，像孩子对待母亲似的那么自然。然后他摆弄起办公室的电脑。因为先前伍德曾特别提醒她，严禁任何闲人进入盖茨的办公室操作电脑，她立刻告诉伍德说有个小孩闯进了董事长的办公室。伍德表情淡漠地说："他不是小孩，他是我们的董事长。"后来，露宝才知道自己的董事长只有21岁。这时，她以一个成熟女性特有的缜密与周到，考虑起自己今后在娃娃公司应尽的责任与义务。

　　露宝在工作上是一把好手。盖茨是谈判的高手，不过第一次会见客户时，也会使人产生小小误会。客户见到盖茨时，总不免怀疑眼前的小个子是不是微软公司的董事长，可能微软公司真正的董事长正在干其他的事吧？他们伺机打电话到微软公司核实，露宝接到这样的电话，总是和蔼可亲地回答："请您留意，他是一个年纪看上去十六七岁、长一头金发、戴眼镜的男孩子。如果见到的是这样的形象，准没错。自古英雄出少年嘛。"露宝的话化解了对方心头的疑虑。

露宝把微软公司看成一个大家庭，她对公司有很深的感情。

◇ 不拘一格用人才 ◇

管理之要，首在用人。选人用人，需要有不拘世俗、唯才是举的大气度。只有具备了不拘一格选人用人的气度，才能构建起人才集聚的局面，也才能不断开创事业的新高度。

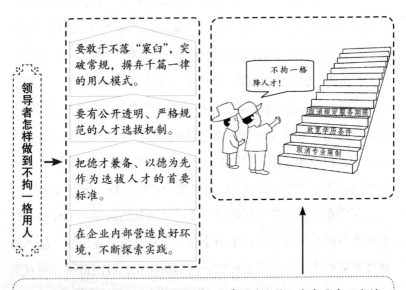

领导者怎样做到不拘一格用人

要敢于不落"窠臼"，突破常规，摒弃千篇一律的用人模式。

要有公开透明、严格规范的人才选拔机制。

把德才兼备、以德为先作为选拔人才的首要标准。

在企业内部营造良好环境，不断探索实践。

不拘一格降人才！

取消规定服务期限
放宽学历条件
取消专业限制

企业的发展要靠人才支撑，稳定要靠人才保障，未来要靠人才创造。要放宽眼界看人才，优先精心育人才，不拘一格用人才，以人为本爱人才，创新机制留人才。

很自然，她成了微软公司的后勤总管，负责发放工资、记账、接订单、采购、打印文件等。

露宝成了公司的灵魂，给公司带来了凝聚力，盖茨和其他员工对露宝有很强的依赖心理。当微软公司决定迁往西雅图，而露宝因为丈夫在亚帕克基有自己的事业不能同去时，盖茨对她依依不舍，留恋不已。盖茨、艾伦和伍德联名写了一封推荐信，信中对露宝的工作能力予以很高的评价。临别时盖茨握住露宝的手动情地说："微软公司留着空位置，随时欢迎你。"

人才是宝贵的资源。有大略者不问其短，有厚德者不非小疵。管理者一定要破除论资排辈、求全责备的观念，唯才是用，唯才是举，大胆使用优秀人才，为人才找到最佳位置。

将员工与企业进行捆绑

美国石油大亨保罗·盖蒂将人才分为四类，他认为第一类员工的才干是突出的，能用其所长，避其所短，可以为企业发挥重大作用。第二类员工是企业的中流砥柱，他以各种办法激励他们努力为企业效劳，让他们建立牢固的企业归属感。保罗·盖蒂对待第三类员工也十分珍惜爱护，把他们安排在各级部门当副手，逐步提高他们的待遇，想方设法稳住这支基本队伍。对于第四类员工，保罗·盖蒂要求各级管理人员对他们严加管理，促使他们端正态度，为企业发展多出力。

有一次，盖蒂听到下属某家企业的汇报情况，知道该公司很有发展潜力，但营运状况很差，亏损严重。盖蒂经了解后很快找出症结所在，就是这家公司的3位高级干部无成本与利润的观念，他们完全属于第四类人物。

　　为了改变这家公司的现有面貌，盖蒂略施小计。他在发薪之前，特意交代会计部门对那3位高级干部的薪水各扣5美元。他还吩咐会计部，若那3人有异议的话，叫他们直接找老板。

　　果然不出盖蒂所料，发薪1小时内，那3人不约而同地跑来找盖蒂理论。盖蒂严肃地对他们说："我已经调查过公司的财务报表，发现上年度有好几笔不必要的开支，造成公司几万美元的损失，但我没有看见你们采取任何补救措施。如今，你们每人的薪水只不过少了5美元，却急不可待地要求补救，这是怎么一回事？"

　　那3位高级管理干部无话可答，听完盖蒂这番严厉的教训后，很有感悟。有两位很快研究出加强企业管理的措施，严格了成本与利润的核算观念。另一位没有改进表现，不久便被盖蒂辞退了。

　　员工如果只是把公司当成混日子的地方，做一天和尚撞一天钟，心里头只盘算自己的个人利益，势必会与公司总体发展、长远发展的目标相抵触，有时甚至会阻碍公司向前发展。

　　只有把员工的切实利益与企业发展的整体利益相挂钩，才能避免出现员工对企业整体利益漠不关心的心理状态。建立与此相应的奖惩机制，企业发展得好，人人都有益处；企业发展得不好，人人都受损失，这样形成员工与企业共存共荣的局面，才能

◇ 立足于实现企业与员工利益的共赢 ◇

在市场经济大潮中，企业和员工是息息相关的利益共同体。而在企业内部，企业利益和员工利益又是此消彼长的"跷跷板"。只有寻找两者之间的共赢之道，才能保证企业和谐发展。

企业利益和员工利益的关系

1. 企业利益大于员工利益，员工利益必须服从企业利益。	想要平衡企业利益与员工利益，企业要让员工明白，只有创造了8000块的利益，企业才能提供给他4000块的薪水。
2. 员工为企业创造了利益，当然应该有所回报。	企业必须有一个合理分配、利益共享的机制，才能激励员工，并且一切资源增值的活动都是靠员工来掌握的。

企业应采取哪些措施使双方达成共赢

加强企业文化建设，让员工产生企业认同感。

进行企业价值观宣传，让企业与员工形成共同价值观。

目标细化分解，让个人目标与企业总目标保持一致。

建立员工激励机制，给予员工最大的发展空间。

培养和提升员工忠诚度。

老板，我们爱死你啦！

大红包 7460万元

员工们，这是送给你们的！

员工是企业的重要资源，只有员工发展了才能真正推动企业的发展。企业应该着力于让员工发展目标与企业发展目标保持一致，只有这样才能达到双方共赢。

从根本上解决个人利益与整体利益相脱钩的状态。

放胆引进，放手使用

1981年年底，微软公司已经控制了PC机的操作系统，并决定进军应用软件这个领域。比尔·盖茨雄心勃勃，认定微软公司不仅能开发软件，还要成为一个具有零售营销能力的公司。问题是微软公司在软件设计方面，人才济济，不乏高手；但在市场营销方面，却缺少卓越性人才。没有这方面的人才，微软别说进入市场，连市场的门都找不到。

但盖茨还是迈出了非凡的一步——挖人。经过四处打听，八方网罗，最后盖茨锁定了"肥皂大王"尼多格拉公司的一个大人物——营销副总裁罗兰德·汉森。

"汉森是个营销专家，可对软件方面完全是个门外汉呀。"盖茨的幕僚有点不放心。但盖茨毫不担心，他看中的是汉森在市场营销方面的丰富的知识和经验。盖茨将汉森挖过来后，很快将他委以营销方面的副总裁这一重任，专门负责微软公司广告、公关、产品服务以及产品的宣传与推销。

汉森上任后做的最重要的一件事就是给微软公司这群只知软件、不懂市场的精英上了一堂统一商标的课。在汉森的坚持之下，微软公司决定，从今以后，所有的微软产品都要以"微软"为商标。于是，微软公司的不同类型产品，都打出"微软"的品牌。为时不久，这个品牌在美国、欧洲，乃至全世界，都成为家喻户晓的名牌。

随着市场的日益扩大，尤其是海外市场的开发，微软公司的

◇ 更新观念，大胆用人 ◇

任何事情都要靠人去做，靠人去抓。用一个能人，事成；用一个庸人，事败。事情的成败好坏，全在于人。人与事的关系，犹如纲与目的关系：纲举目张。所以，要想办成事，必须打破常规，大胆用人才。

管理者如何做到大胆用人 →

1. 以德为先，准确理解和正确坚持德才标准。

2. 更新观念，开阔视野，不拘一格选人用人。

3. 建立和完善科学的选人用人机制，激励人才不断成长。

4. 在企业内部营造良好环境，不断探索实践。

21世纪是人才竞争的世纪，谁能够拥有高质量的人才，谁就能在竞争中处于有利的地位，这已经成为当代人的共识。想方设法地运用各种方式和手段提拔人才、引进人才、使用人才、调动人才的积极性，已成为现代国家的重要战略。

曹操的五个用人之道

一、名至实归，更重实际；
二、德才兼备，唯才是举；
三、重用清官，不避小贪；
四、招降纳叛，尽释前嫌；
五、抓大放小，不拘小节。

经营规模日益增大，公司第一任总裁吉姆斯·汤恩年近半百，已江郎才尽，跟不上微软的快节奏。好在汤恩主动提出辞掉总裁的职务。盖茨费尽心思，又找到了坦迪电脑公司的副总裁谢利。他直截了当地向他提出："到微软来吧。"

"我能干什么？"

"当总裁。"

谢利一来，就对微软的人事进行了大刀阔斧的改革。他把鲍默尔提升为负责市场业务的副总裁，更换了事务用品供应商，削减了20%日常费用……谢利掌管下的微软在许多地方开始"硬"起来。不过，谢利在微软的好戏还在后头。

1983年，为了抢在可视公司之前开发出具有图形界面功能的软件，占领应用软件市场，微软开始了"视窗"项目，并宣布在1984年年底交货。

谁知，1984年过了大半年了，"视窗"软件仍然没有开发出来，以致新闻界把"泡泡软件"的头衔"赠给"了"视窗"。正在进退维谷的时候，谢利经过一番仔细调查，找到了病根：除了技术上的难度以外，开发"视窗"的组织和管理十分混乱。

谢利又一次大刀阔斧地整顿：更换"视窗"的产品经理，把程序设计高手康森调入研究小组，负责图形界面的具体设计；盖茨自己的职责，也被定位于集中精力考虑"视窗"的开发。此举立见奇效，各项工作有条不紊，进展神速。1984年年底，微软向市场推出"视窗"1.0版，随后是"视窗"3.0版。

比尔·盖茨放胆引进人才，放手使用人才，使汉森和谢利带领微软走向正规化公司发展的道路，为微软公司做出了功不可没的贡献。

在要害处只收不放

东汉开国皇帝刘秀是用人方面的突出代表。

刘秀当上东汉开国皇帝后，有一段时间很是忧郁。群臣见皇帝不开心，一时议论纷纷，不明所以。一日，刘秀的宠妃见他有忧，怯生生地进言说："陛下愁眉不展，妾深为焦虑，妾能为陛下分忧吗？"

刘秀苦笑一声，怅怅道："朕忧心国事，你何能分忧？俗话说，治天下当用治天下士，朕是忧心朝中功臣武将虽多，但治天下的文士太少了，这种状况不改变，怎么行呢？"

宠妃于是就建议说："天下不乏文人大儒，陛下只要下诏查问、寻访，终有所获的。"

刘秀深以为然，于是派人多方访求，重礼征聘。不久，卓茂、伏湛等名儒就相继入朝，刘秀这才高兴起来。

刘秀让他们放心任事，心里却也思虑如何说服功臣朝臣，他决心既定，便对朝中的功臣们说："你们为国家的建立立下大功，朕无论何时都会记挂在心。不过，治理国家和打天下不同了，朕任用一些儒士参与治国，这也是形势使然啊，望你们不要误会。"

尽管如此，一些功臣还是对刘秀任用儒士不满，他们有的上书给刘秀，开宗明义便表达了自己的反对之意，奏章中说："臣等舍生忘死追随陛下征战，虽不为求名求利，却也不忍见陛下被

◇ 特殊员工的特殊管理 ◇

在企业中，创业性员工和知识性员工往往比较特殊，他们或功勋卓著，或能力极强，但同时，他们的行为方式也往往会特立独行。如何对该类员工进行管控，是管理者必须认真考虑的问题。

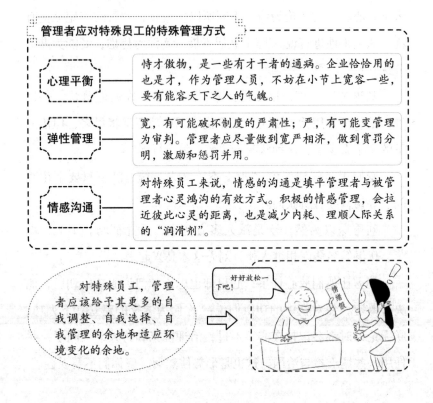

管理者应对特殊员工的特殊管理方式

心理平衡 —— 恃才傲物，是一些有才干者的通病。企业恰恰用的也是才，作为管理人员，不妨在小节上宽容一些，要有能容天下之人的气魄。

弹性管理 —— 宽，有可能破坏制度的严肃性；严，有可能变管理为审判。管理者应尽量做到宽严相济，做到赏罚分明，激励和惩罚并用。

情感沟通 —— 对特殊员工来说，情感的沟通是填平管理者与被管理者心灵鸿沟的有效方式。积极的情感管理，会拉近彼此心灵的距离，也是减少内耗、理顺人际关系的"润滑剂"。

对特殊员工，管理者应该给予其更多的自我调整、自我选择、自我管理的余地和适应环境变化的余地。

好好放松一下吧！

情绪假

腐儒愚弄。儒士贪生怕死，只会耍嘴皮子，陛下若是听信了他们的花言巧语，又有何助呢？儒士向来缺少忠心，万一他们弄权生事，就是大患。臣等一片忠心，虽读书不多，但忠心可靠，陛下不可轻易放弃啊。"

刘秀见功臣言辞激烈，于是更加重视起来，他把功臣召集到一处，耐心对他们说："此乃国家大事，朕自有明断，非他人可以改变。朕是不会人言亦言的。你们劳苦功高，但也要明白'功成身退'的道理，如一味地恃功自傲，不知满足，不仅于国不利，对你们也全无好处。何况人生在世，若能富贵无忧，当是大乐了，为什么总要贪恋权势呢？望你们三思。"

刘秀当皇帝的第二年，就开始逐渐对功臣封侯。封侯地位尊崇，但刘秀很少授予他们实权。有实权的，刘秀也渐渐压制他们的权力，进而夺去他们的权力。

大将军邓禹被封为梁侯，他又担任了掌握朝政的大司徒一职。刘秀有一次对邓禹说："自古功臣多无善终的，朕不想这样。你智勇双全，当最知朕的苦心啊。"

邓禹深受触动，却一时未做任何表示。他私下对家人说："皇上对功臣是不放心啊，难得皇上能敞开心扉，皇上还是真心爱护我们的。"

邓禹的家人让邓禹交出权力，邓禹却摇头说："皇上对我直言，当还有深意，皇上或是让我说服别人，免得让皇上为难。"

邓禹于是对不满的功臣一一劝解，让他们理解刘秀的苦衷。

当功臣们情绪平复下来之后，邓禹再次觐见刘秀说："臣为众将之首，官位最显，臣自请陛下免去臣的大司徒之职，这样，他人就不会坐等观望了。"

刘秀嘉勉了邓禹，立刻让伏湛代替邓禹做了大司徒。其他功臣于是再无怨言，纷纷辞去官位。他们告退后，刘秀让他们养尊处优，极尽优待，避免了功臣干预朝政的事发生。

对管理者而言，真正难管的往往是功臣，对待这类员工，管理者一定要在管理上放纵得当。在某些方面，该放的就要放；而在另一些方面，该收的也一定要收。收放结合，才能把控人才。在要害处只收不放，这是放纵的首要前提，尤其在关键位置上一定要严控。

提拔太快不利于成长

我国古人云："天将降大任于斯人也，必先苦其心志，劳其筋骨，饿其体肤，空乏其身，行拂乱其所为，所以动心忍性，增益其所不能。"用现在的话讲，就是想提拔先坐冷板凳。明朝大学士张居正也用"器必试而后知其利钝，马必驾而后知其驽良"来说明人应该"试之以事，任之以事"。

有一位老板，看上了一个很有潜质的员工，于是派他到销售科工作。不久提拔他为科长，让他分管一摊工作。他表现非常出色，销售业绩逐月上升，老板嘉奖了他，公司上下都看好他，以致所有人都认为他会升职。可是老板却把他调到无关紧要的仓储部门工作。

人们认为他可能得罪了老板。可是，这位员工没有分辩什么，他自己也猜不出老板的意图，心中虽有些不快，但仍然任劳任怨地工作，很负责任。老板有时也和他谈谈工作情况。一年后，这个员工便坐到了部门经理的位置上。后来人们才明白，老板想重用他，一直在观察考验他，暗中观察他在被冷落时候的行为表现。

事实上，升迁太快，没有足够的积累知识和经验的时间，恰恰不利于人才的锻炼成长。一般来说，一个好的管理人才能够踏踏实实地在各个部门工作，有相当的时间和经验，有协调沟通各类人际关系的熟练技巧，有处理应付各种复杂问题的知识、能力。

而晋升太快肯定不利于具备这些技巧、能力，难免顾此失彼，并不利于人才成长。同时，被大家视为上级特别厚爱的人，也容易招致大家的忌妒、不满，这种风气甚至会蔓延到整个公司。不管这种心理平衡存在的程度如何，但毕竟会影响大家的士气，影响工作的正常进行。

而暂时冷落一段时间，尤其可以考察所要培养人员的德行、韧性。看他有没有事业心、责任心，是不是这山望着那山高，有心当官，无心干事；看他有没有平淡之心，是否急功近利。

作为领导，要悉察下属在受冷落时抗挫折的能力有多大，干劲如何，此时是想跳槽还是认识到自己非奋发图强不可。如果他这样认为："有时想想，这实在是最糟的时候。到底要不要离开公司呢？但是，一旦辞了职，又无处可去。我真怀疑人生还有什么值得努力的事。"

这种心态说明他经不起挫折，常常是稍遇挫折，便锐气全消，垂头丧气，也不善于总结经验教训，不善于思考与学习，也缺乏"好谋而成"的耐性和修养。

这带给管理者的忠告是，提拔悠着点，冷落也要有个"度"，有个过渡阶段更好。

◇ 历练造就人才 ◇

实践长才干，历练出人才。这是人才成长规律的总结和概括。

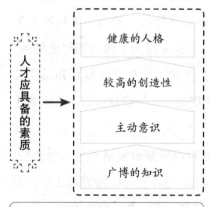

人才应具备的素质 → 健康的人格 / 较高的创造性 / 主动意识 / 广博的知识

受得起打击

顶得住压力

"宝剑锋从磨砺出，梅花香自苦寒来。"人才成长的路上绝无坦途。管理者要给员工提供更多的历练机会，员工也要好好把握，努力提高自身素质。

正确提拔源自科学程序

说到通用电气，不能不提到韦尔奇，从 1981 年至 2001 年担任董事长兼首席执行官长达 20 年，他创造了一个令人难以置信的神话。

1981 年他当上公司一把手之后，旋即大刀阔斧地进行改革。为了让公司产品"数一数二"（"不做世界第一，就做世界第二"），他不是砍削生产线，就是大量裁员。不称职的员工，不论职位高低一律走人，留下来的员工也都诚惶诚恐，拼命工作。他的"不近人情"让员工恨得直咬牙，甚至背地里表示要"狠狠地揍他一顿"。

经过精简，通用电气的行政部门由原来的 29 个缩减到 5 个，组成仅包括 13 个行业的企业，但韦尔奇看准了公司的发展方向，在淘汰旧业务的同时又不断增加新的品种。经营管理上他更是力排众议，倡导"无边界行为、群策群力"等管理理念，对公司官僚体制进行了全面的整顿，创立了"坚持诚信、注重业绩、渴望变革"的新风，领导了全球企业管理的潮流。

20 年间，通用电气一直保持两位数的增长，市值从 1981 年的 120 亿美元增加到 2002 年的 5000 多亿美元。值得称道的是，这位管理天才还不恋战，在威望如日中天之际，于 2001 年 9 月正式退休。他退休之后，专心写自传，在自传出版之前，他就已拿到预付稿酬 700 万美元。

拥有像韦尔奇这种才干的 CEO 令人赞叹，一个世纪里都有像韦尔奇这样的人才当 CEO，而且全部都是公司内部自行培养的，这的确是通用电气成为高瞻远瞩公司的关键原因之一。

　　事实上，整个 CEO 的选择过程，一直到最后选定韦尔奇当 CEO，是传统的通用电气最优秀的一面。韦尔奇不但反映了公司的传承，也是通用电气走向未来的改革倡导者。诚如长期担任通用电气顾问的诺埃尔·提区和《财富》杂志总编辑史崔佛·舍曼在合著的《通用电气传奇》一书中所说：

　　"把可贵的通用电气交到韦尔奇手上的传统管理程序，表明了老通用电气文化中最好的、最重要的一面。前 CEO 琼斯花了很多年时间，从一群能力极为高强、后来几乎个个都领导大公司的人当中把韦尔奇挑了出来……琼斯坚持采用一种漫长、费事、彻底而吃力的程序，仔细地考虑每一个合格的人选，然后完全靠理智选出最适合的人，得到的结果足可列为企业史上继承人规划的典范。"

　　琼斯在 1974 年——韦尔奇成为总裁之前 7 年，采取了这一程序中的第二个步骤，批准一份文件，名叫《CEO 传承指引》。他和公司高层经理人力小组密切合作之后，花了两年时间逐步淘汰，把初步名单上全是通用电气人的 96 个可能人选减少为 12 个，再减为 6 个首要人选，其中包括韦尔奇。

　　为了测验和观察这 6 个人，琼斯任命每个人都担任部门经理，直接接受 CEO 办公室领导。随后的三年里，他逐渐缩小范

◇ 制定科学的人才选拔流程 ◇

　　企业为了发展需要，从那些既有能力又有兴趣到本企业任职的人员中挑选出合适的人员予以录用，以确保企业的各项活动正常进行。人才选拔是其他各项活动得以开展的前提和基础。

人才选拔流程

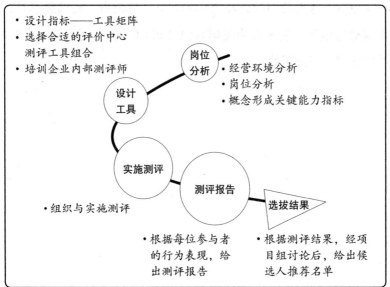

- 设计指标——工具矩阵
- 选择合适的评价中心测评工具组合
- 培训企业内部测评师

岗位分析
- 经营环境分析
- 岗位分析
- 概念形成关键能力指标

设计工具

实施测评
- 组织与实施测评

测评报告
- 根据每位参与者的行为表现，给出测评报告

选拔结果
- 根据测评结果，经项目组讨论后，给出候选人推荐名单

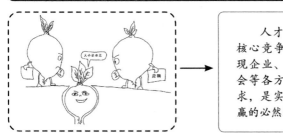

　　人才选拔是企业增强核心竞争力的必然，是实现企业、员工、客户和社会等各方面利益的必然要求，是实现员工和企业双赢的必然选择。

围，让这些候选人经历各种严格的挑战、访谈、论文竞赛和评估。程序中的一个关键部分包括"飞机访谈"。在访谈中，琼斯问每一个候选人："如果你和我同搭公司的飞机，飞机坠毁了，你我都丧命了，应该由谁来当通用电气公司的董事长？"

韦尔奇在强敌中最后赢得了这场严酷的耐力竞赛。落选的人后来则分别出任吉梯电信、橡胶美用品、阿波罗电脑、美国无线电（RCA）等大公司的总裁或CEO。另一件值得一提的趣事是，出身通用电气、后来成为美国其他公司CEO的人远远超过出身美国任何一家公司的人。

第五章

目标管理：

用目标激励员工成长

目标要以问题为导向

好的目标要以问题为导向中的"问题"包括以下两方面内容：

第一，什么是看得见的问题、待发掘的问题和要创造出来的问题。所谓"问题"，有很多种。首先是"看得见的问题"。一般说来，这类问题"预期的水准"很明确，只要把脱离常轨的现象当作问题处理就是。因为能看得到，所以其作为问题的层次很低。可以说是不是问题的问题。

比"看得见的问题"高一层次的问题，就是"待发掘的问题"，此类问题并非每一个人都能看得出来。如果光是用眼睛去"看"，而不用眼力去"观察"的话，是无法洞悉的。一般来说，如果觉得情况异常，或认为必须采取某种措施，此时即应分析事实，探究原因，把握问题的症结，了解真相。再高一层次的问题则是"需要创造的问题"。

由此可见，好的目标必须"以问题为导向"。应该从"看得见的问题"，到"待发掘的问题"，再由"待发掘的问题"，到"要创造的问题"，深入发掘。一经掌握真正的问题，就将它列为目标。这种目标，就是问题导向型的目标。

第二，什么是意识问题、界定问题和解决问题。面对问题，要提出"那是为什么"的疑问，也就是产生问题意识。对大部分的人来说，要"意识问题"并不太难。难的是，只停留在意识阶段，而不能迈入下一步骤。所谓下一步骤，就是"界定问题"。

"界定问题"的作用，在于针对"为什么"这一意识，而去追问"果真是如此吗"，调查并分析有关因素，以把握事态本质所在，促使管理者去"解决问题"。所谓"解决问题"，是要想出"有没有其他的对策"，研究并决定代替方案。

好目标的设定要件包括好目标要具体化、好目标要多元化和好目标要体系化三个方面的内容。

1. 好目标要具体化

具体化之所以被认为是好目标的必备要件，是因为目标具体化后比较容易确认结果，甚至有这么一个定律："要有衡量测定工作结果的方法，目标管理才会推行成功。"

目标的重点化指的就是"从何项做起"。这是目标的数目问题，"从何项做起"是"什么都做"的相对词。目标在设定的阶段通常是这也要、那也要，几乎想把所有经办的工作统统写出来。

目标的数量化指的就是"做多少"。这是目标的量（数量）

◇ 目标设置好坏的评判标准 ◇

企业设定目标的目的是解决问题，即企业战略发展问题，只有能有效解决问题的目标方可称为好目标。

目标设定好坏的评判标准

目标是否足够具体

目标要求要明确，工作结果要可测量。

目标就是你未来的现实！

目标是否覆盖了所有部门所有员工

目标必须细化分解，所有成员都要有各自的奋斗目标。

所有目标是否呈现系统化

目标必须上下一致，部门之间的目标也要相辅相成。

目标是用来被实现的，是未来的现实。拥有可以实现的目标的企业才有未来。

的问题。"做多少"便是"尽量做"的相对词。例如"加强意见沟通"这一目标，无法用数字表示出来。虽然如此，仍应力求将其具体化，可以改为"某某部门的会议，每星期一举行一次"。像这样，把抽象化的问题当作目标时，要思量"为实现此目标，应该做些什么事"，这便是具体化的秘诀。

达成目标的方法指的就是"如何做"。这是为了达成目标而设定方策的问题。所谓"如何做"，便是"设法做"的相对词。方策应该更加受到重视。决定方策比设定目标还要困难，因为决定方策，必须要有创思和策略。无论要达成什么目标，都有两种以上的方策。尤其目标是新设定的或难以达成的，能否成功，那就要看选择的方策如何了。

达成目标的进度表指的就是"在何时以前完成"。这是达成目标的时间问题。所谓"在何时以前完成"，是"尽快"的相对词。"请赶快做"这句话，不只是在表明时间急迫，而且默认没有进度表。所谓进度表，是对于将来工作预定计划的时间表。目标要求附带这种进度表，必须明白提示各项工作什么时候开始、什么时候完成。有些目标不容易数量化，而这里的进度表化，便具有弥补其不足的作用。可以说，工作越高越复杂，越需要用时限来加以控制。

2. 好目标要多元化

设定目标主体原则上是以个人为设定单位，而不是以部门为设定主体。换言之，即主管、员工个人设定目标。因为目标管理在根本上是否定传统管理所称的集体制度。再看质量管理等团队活动，只要有团队目标就能够圆满达成，不必再设定个人的目标。所以，人数少的团队，团队里所有人员都从事同类工作，团队成员的工作和该部门的目标直接连接在一起，以及所有成员互相积极协调，用团队目标去推动反而较好。

团队目标是属于一个部门内的问题。如果为了达成这个目标，需要其他部门的协助支援时，应由两个或两个以上部门协调来设定目标，这就是总目标。为了设定总目标，主管必须在事前和对方协调，上层协调妥当时，基层做事时的冲突就会减少。

业务目标、培植员工目标、自我启发目标。这个主题在于说明目标领域的多元化。主管的责任可以大体分为达成业绩的责任和培植员工的责任。但是，事实上，组织中所设定的目标，属于培植员工责任方面的目标寥寥无几。为了修正这种偏向，要把主管的目标划分为"生产目标"和"培植目标"。如此一分，主管便不得不去关注员工，进而培植员工。

让员工去设定"自我启发目标"，那么，"培植目标"便以和工作有直接关系的能力开发计划为中心，而"自我启发目标"则以工作上有关联的事务为重点。

坚持目标、完善目标、创新目标。这是指目标分类的多元化。大凡工作可分为坚持性的、完善性的和创新性的三种。不管何种职位，都应该包括这三种工作。通常认为基层主管以坚持性的工作居多；中层主管以完善性的工作居多；而高层主管则以创新性的工作居多。因此，在设定目标时，要分成"坚持目标""完善目标"及"创新目标"三类。如果每一个人按照这个标准去分类，便可以达到目标的多元化。

3. 好目标要体系化

目标应纵向地设定。每一个人的目标，是为了达成上级的目标而存在。如果没有上级的目标，无从设定个人的目标。所以，这个关系变成"部门目标——个人目标""总目标——部门目标""上级目标——员工目标"，条理应极为明确。

目标的纵向设定并不是上级向下级强制指定目标："这就是你的目标。"如果这样交代时，就不是目标，而变成"配额"了。在这里，所谓纵向的意思是，上级亲自向下级发表自己的目标，下级接受这个目标后，再设定各自的目标。这样，每一个人的自主性都不会受到丝毫损伤。

所以，为了避免产生重复上级目标的结果，必须明确把握"目标"和"方策"的关系。也就是说，下级不是直接接受上级目标，而是要接受上级的方策，经思考后，用以设定自己的目标。制定目标应当依照目标＝方策→目标＝方策→目标这样迂回的方式设定，而不是由目标→目标→目标的方式设定。也可以说，上级的方策转化为下级的目标。这个过程便是上级目标的细分化，也就是上级方策的具体化。

目标应横向地设定。各部门之间是相互关联的，目标的制定必须顾及到各个部门，必须和其他有关部门合作。

设定有效目标的原则

一般来说，管理者在设定有效目标时应遵循以下原则：

1. 有效目标要具体和现实。目标必须要具体，还应切合实际，即应该是可以达到的。那些太容易达到的目标，对主管以及对部门来说都是有害无益的。相反，目标太难，会夸大部门要达到的目标，从长远的效果来看，可能使主管丧失达到目标的信心。

2. 有效目标要与主管的权限一致。管理者设立的目标必须与授予他的权限相一致。如果他没有执行的权限，等于是在自找失败，如果他设法去完成这一目标，又可能在主管之间引起纠纷。

任何部门的目标，必须与企业其他部门主管的目标相一致，与企业的总目标相一致。任何不一致的目标，或制定目标仅仅是为了使主管有事可做，都是与目标管理的目的不相称的。

3. 有效目标要有灵活性。在从一个目标阶段进入另一个目标阶段时，管理者的目标就应该做相应的变化，以使部门的工作重点与不断变化着的部门目标保持一致。

对于同一内容（如什么和何时），应尽量避免重复。也就是说主管在各个阶段里提出与前一阶段相同的目标时，一定要经过周密的思考，而不是为了保持现有的做法不变。这一点是十分重要的。

4. 有效目标含义要明确。目标的措词应该用员工和主管都能清楚理解的表达法。如果员工和主管对目标的理解不一致，那么

◇ 目标设定的 SMART 原则 ◇

目标的设定不能靠想当然，也需要遵守一定的原则。无论是制定团队的工作目标还是员工的绩效目标都必须符合 SMART 原则。

SMART 含义

S 代表具体 （Specific）	指绩效考核要切中特定的工作指标，不能笼统；
M 代表可度量 （Measurable）	指绩效指标是数量化或者行为化的，验证这些绩效指标的数据或者信息是可以获得的；
A 代表可实现 （Attainable）	指绩效指标在付出努力的情况下可以实现，避免设立过高或过低的目标；
R 代表现实性 （Realistic）	指绩效指标是实实在在的，可以证明和观察；
T 代表有时限 （Time Bound）	注重完成绩效指标的特定期限。

SMART 原则的有效运用，可以帮助企业明确目标，找准行动的方向，是企业航程的方向盘，也是企业达成战略目标的重要保证。

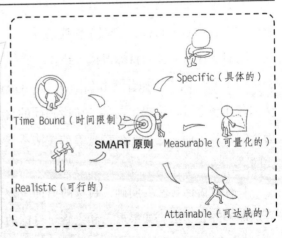

目标管理的效果将会受到很大的损害。

5.有效目标应该使员工有发挥能力的余地。主管总是希望通过目标管理不断地提高管理能力。因此，设定目标应该从难、从严，要求主管为实现这些目标付出高于正常水平的努力，或高于"按老规矩办事"的方法。但是对于目标应该超过正常范围多少，没有现成的公式。主管在设定目标时，超过部分可以根据目标阶段存在的条件，在对员工目标进行评估的基础上做出。

6.有效目标应该和员工的经验与能力相适应。目标管理的有效性可以作为一种培训主管的手段，这也是目标管理的优点之一。但要完全发挥这一优点，目标的复杂性和困难程度就要与主管的经验和能力相适应。如果目标太高，培训工作会受到挫折或失败；目标太低，又会使主管失去动力。

设定目标应考虑的因素

影响目标设定的因素，主要体现在以下几个方面：

1.政治因素。各个国家的基本国策不容更改，但国际与国内情势时时在变化，目标的设定需因地制宜、因事制宜、因时制宜。

2.社会因素。任何一个企业都是社会系统的一环，而不是孤立体，个人更无法离群自立。因此任何企业措施都需考虑社会化的目标，也就是说目标也应符合社会的利益。

3.经济因素。如何考量经济因素，运用有限资源，设定适当的目标至关重要。经济生活是人类活动的基因，政治仅是达到经济目的时所用的手段。政治活动大多偏重于经济方面，每一条措施常会包含着重要的经济因素和意义，同时政治也多受经济条件的限制和影响。

4. 技术因素。目标的设定对各种技术因素都要考虑。自18世纪产业革命以来，随着工商业的发达与科学的进步，各种生产、制造、管理等方法技术不断进步。而技术水平与社会基础、经济发展都有密切的关系。例如，电子计算机对企业管理均有莫大的便利与功效，但是由于缺乏普遍了解，技术运用不够熟练，基础资料不切实际等技术问题，就会产生相反的效果，形成欲速则不达的现象。

有效目标的设置是目标管理过程中最重要的阶段，这一阶段可以分为以下四个步骤：

1. 共同商讨，确定目标。这是一个暂时的、可以改变的预案。这个预定的目标，既可以由主管提出，再同员工讨论；也可以由员工提出，再由主管批准。无论采用哪种方式，目标必须共同商量确定，而且，主管必须根据部门的使命和长远战略，估计客观环境带来的机遇和挑战。

2. 重新审议，职责分工。目标管理要求每一个分目标都有确定的责任主体，因此预设目标之后需要重新审视现有的部门结构，根据新的分解目标进行调整，明确目标责任者和协调关系。

3. 明确规划，协调一致。在确定员工的目标之前，主管首先要明确部门的规划和目标，然后才有可能商定下级的分目标。在讨论中主管要尊重员工，平等待人，耐心倾听员工的意见，帮助下级建立与部门目标相一致的支持性目标。

分目标要具体、量化，便于评估；要分清轻重缓急，以免顾此失彼；既要有挑战性，又要有实现的可能性。每个员工的分目标要同其他部门员工的分目标协调一致，共同支持企业总体目标的实现。

◇ 设定目标前的六问 ◇

多数企业设定的目标往往是愿望而非具体计划，从而也导致看似很有目标，到最后却没有实现。因此企业在设定目标之初就应该有清醒的认识。

企业在设定目标前的六问

1. 实现目标的最终目的是什么？

2. 实现目标的具体方法和措施是什么？

3. 实现目标所需的资源和条件是否具备？

4. 实现目标需要付出多少人力、物力和财力？

5. 实现目标过程中会遇到多少阻力和困难？

6. 实现目标的环境是否具备，不具备该如何创造环境？

目标不明确
努力再多也是劳而无功
目标没有定好，今天这个目标，明天目标又变了，以前的努力全白费。所以，努力之前，选定好目标。

4. 配置权力，责权统一。分目标制定后，要赋予员工相应的资源配置权力，实现责权的统一。

为成功实施准备条件

研究显示，当高层管理者对目标管理高度负责，并且亲自参与目标管理的实施过程时，生产率的平均改进幅度达到56%；而对应高层管理者低水平的承诺和参与，生产率的平均改进幅度仅为6%。成功地实施目标管理取决于以下几个重要条件，如果这些条件不具备，那么目标管理方式本身的不足就难以克服，优点就难以发挥。

1. 组织成员应具有较强的自我管理能力

如果组织成员的自我管理意识和能力比较差，尽管已规定了其工作努力的方向和目标，他或她仍然有可能在工作过程中不能按照目标的要求选择合适的工作方法和手段自觉地向目标方向努力。较强的自我管理能力除了表现在能够根据目标要求自觉努力完成外，还应表现在能够主动地了解合作者，配合合作者或其他各方共同把各自分内的、本部门的、本层次的目标完成。

2. 组织应具有正确的价值理念

组织的价值理念是一个组织的处世准则、行为准则，是组织生命的核心。不同的组织有不同的价值理念，有的组织只是以赚钱为其价值取向，有的组织则不是如此，如松下电器公司的价值取向为"产业报国"。组织的价值理念一定会渗透到组织总目标和具体分解的目标之中，从而决定了这些目标的特性，决定了这些目标对组织成员的行为的影响。

3. 组织的高层管理者要高度重视

组织的高层管理者的重视并不是说他们只要认识到目标管理的重要，下令推行便可。我们所说的组织高层管理者的重视是指组织高层管理者本身对目标管理有深刻的认识，并且能够向其下属非常清楚地阐述目标管理是什么、它怎样起作用、为什么要进行目标管理、目标管理与组织共同愿景有什么关系、它在评价业绩时起什么作用，尤其要说明参与目标管理实施的所有组织成员将随着组织的发展也得到相应的发展。日本管理学家猿谷雅治曾指出，目标管理中最高管理者必须根据自己对这种管理方式的深刻理解，考虑并制定出有效目标，在组织内公布于众并执行；然后调整所属成员的目标，经确定后，还必须帮助所属成员达成目标；最后还必须评价完成的成果。这一切事项，都应由最高管理者自己来做。

4. 实施权限下放和自我控制

目标管理强调重视成果的思想和权限与目标一致的原则。在目标制定的过程中，管理者必须明确提出达到目标所必须遵循的方针；而在目标实施过程中，管理者关心的应是下属是否能根据方针达到目标，取得最终成果，至于下属采用什么方法和手段、通过什么途径来达到目标，则完全可由下属自主选择决定。

在权限下放的同时，也要强调下属的执行责任和向管理者报告的义务。下属在实施过程中，一面要对照自己的目标检查行动，一面要依靠自己的判断来充分行使下放给自己的权限，努力达到目标就是自我控制。实行权限下放为下属在自我管理中独立

◇ 目标管理的实施 ◇

　　德鲁克认为，并不是有了工作才有目标，而是相反，有了目标才能确定每个人的工作。所以企业的使命和任务，必须转化为目标，如果一个领域没有目标，这个领域的工作必然被忽视。

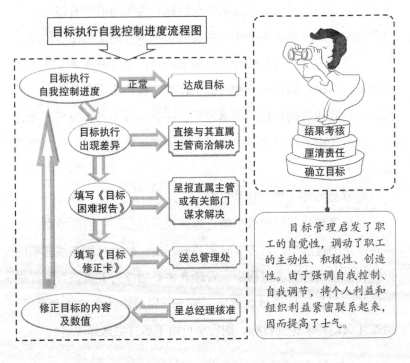

目标执行自我控制进度流程图

目标执行自我控制进度 →正常→ 达成目标

目标执行出现差异 → 直接与其直属主管商洽解决

填写《目标困难报告》 → 呈报直属主管或有关部门谋求解决

填写《目标修正卡》 → 送总管理处

修正目标的内容及数值 ← 呈总经理核准

结果考核
厘清责任
确立目标

　　目标管理启发了职工的自觉性，调动了职工的主动性、积极性、创造性。由于强调自我控制、自我调节，将个人利益和组织利益紧密联系起来，因而提高了士气。

进行工作创造条件。有了目标和权限，下属就会产生强烈的责任感，就能发挥自己的判断能力、决策能力和创造能力，就能针对自己的不足之处主动积极地进行自我提高，进而力争达到自己的目标。

5. 重视实施过程的检查和控制

目标的实施如果没有检查，就会变成放任自流。检查可以促进各部门和成员认真地实现目标。目标实施过程的检查一般实行下属自查报告和管理者巡视指导相结合的方法。要使下属明确报告工作的义务，定期自查并向管理者报告。报告内容包括目标实施进展状况、自己所做的主要工作、遇到的问题、希望得到的帮助等。

管理者可在巡视检查中向下属就工作的掌握方法和进行方法等进行实质性的询问，提出问题，鼓励下属主动地、创造性地钻研问题，以积极进取的态度解决问题。对于下属在工作中无权处理而请求管理者给予帮助的问题则应及时给予适当的启发和指示。管理者的检查应尽量不干扰下属的自我控制。

在对实施过程检查的基础上，将目标实施的各项进展状况、存在的问题等用一定的图表和文字反映出来，对目标值和实际值进行比较分析，实行目标实施的动态控制。通过检查，对需要调整目标的，要根据规定的程序进行调整。

6. 重视对成员的培训

实施目标管理，首先需要组织上上下下均要理解目标管理是怎么一回事，它应该怎么操作；其次需要组织的每一个成员都要明白，目标管理不同于其他的管理方法，它是一种建立在自我管理基础上的成果控制型系统管理的方式，组织成员自己需要有相应的变化才能适应这种管理方式的推行。显然，当组织成员不知道目标管理是怎么一回事、需要自己做怎样的调整时，目标管理是难以获得成功的。员工的培训应着重解决这样一些问题：

组织引入目标管理对组织发展、个人发展有无好处；对目标管理方式的本质、基本知识、运作过程，尤其要对组织目标的性质、目标完成的共同要求、目标设定的自上而下和自下而上过程解释清楚；目标分解与授权范围、目标完成后的评价、激励手段；目标分解后分工完成，但仍要注意相互的交流沟通，需要大家自觉共同努力；目标管理作为带有一种自我管理特性的方式，需要组织成员在理念上、行为习惯上等方面均做出相应的调整；对组织成员进行一些模拟性训练。

改善不合理的执行架构

企业要改善组织结构，可参考以下做法：

1. 变"垂直"为"扁平"

人数一样多的企业，在组织上，有的采用"垂直式"，有的采用"扁平式"。如果企业的组织形式是：部门经理—业务组长—班长——一般工作人员，这样称为"垂直式组织"。一般说来，垂直的组织形式不利于目标执行中的双向沟通，这种组织形式等于在沟通双方中间增加了关卡，妨碍了主管和员工之间信息的有效传递；而在扁平式的组织结构中，由于主管所拥有的是具有直接关系的员工，交流双方则不必煞费心思，就可以达到双向沟通的目的。

2. 化"整"为"零"

以往的目标执行活动常以部门和个人为单位，但效果并不理

◇ 适时调整不利于目标实施的组织结构 ◇

战略目标在实施过程中，可能会使企业内原本存在的一些矛盾变得尖锐，于是，调整并建立符合企业实际情况的组织结构体系，就提上了许多企业的议事日程。

组织结构调整要坚持三个原则

1. 以系统为主，以功能为辅的原则。

2. 以效率为主，以结构为辅的原则。

3. 以工作为主，层次为辅的原则。

企业战略目标与组织结构之间是作用与反作用的关系。所以，企业组织结构的调整，要寻求和选择与企业经营战略目标相匹配的结构模式。

想，这种方式也不适合目标管理的要求。建立"行动小组"是一个很好的方法，采用行动小组这种方式既可以避免以部门为单位执行目标时的互相推诿，又可改善个人行动的孤军作战。

3. 以"面"代"线"

构成各组织的各成员间，不仅应具有与主管直接联系的纵的连结面，而且成员彼此间也应具有横的连结面。由于业务高度的复杂化，横的联系将更为有用。也就是说，企业需要采用"面"的方式对企业进行管理。

4. 小组重叠

在目标执行的组织结构中，中层管理人员往往都扮演着双重角色，即在上级执行小组中为组员，而在下级执行小组中为组长，这样在上下两个小组中，这些人的位置正在上级和下级的重叠处，这个关系可称为团队的"重叠关系"。如果能把整个团队用这样的重叠关系连结起来，那么就能把整个组织加以团队化了。

作为一个中层管理人员，如果工作跟经理级团队有关时，必须发挥成员的功能，去做一个成员应做的事；如果工作和组长级团队有关时，则必须发挥作为主管的领导作用。

总之，组织结构是否合理对于目标执行的结果影响很大，合理的组织结构可以使执行人员协调一致，共同努力去达成目标，还可以节省成本，提高工作效率。

期末目标考核不能少

期末考核是目标执行工作的最后验收，也是目标管理的重点。

1. 选择考核方式

（1）直接考核。直接考核是以工作人员文字或口头报告为基础，现场验收为辅助。职业经理人根据目标工作单，会同工作人员逐项检收，核对目标与绩效进行评定。

（2）分段考核。分段考核可分为两部分，第一部分先由职业经理人会同公正人员，评核绩效报告；第二部分根据初评再和目标执行人员共同复核。因有初评作为基础，可减少许多争议。

2. 确定考核步骤

（1）下属自我评估。下属先自我评估目标执行期间内的成果，并将扼要事项记载在目标卡或目标管理追踪卡上并向其直属主管提出。为便于主管核查，下属也可将有关执行成果的具体事实，以书面文件附于目标卡或追踪卡之后一同呈交。

（2）主管审阅核定。主管根据下属的自我考评，以及有关的说明与证件，审定其成绩并填入"主管评估"成绩栏，载于目标评分表上，送呈更高一级主管审核。

（3）职业经理人适当修正评估。职业经理人可以参考公司正式的财务报告以及统计资料，并考量其他相关部门的绩效，对直属主管进行评分，并做适当的调整与修正。

（4）呈报公司的目标管理推进中心。将目标评分表送至目标管理推行单位，以便综合计算各单位的绩效与应得奖惩，最后呈报最高管理阶层核定。

3. 确定考核内容

目标考核的内容一般包括以下几项：

（1）目标进度。目标不仅有质与量的要求，还有时间的要求。也就是说，目标项目不光有定性指标和定量指标，还有时间

◇ **目标考核的实施过程** ◇

实施目标考核是对目标管理整个实施过程的检视和总结，管理者根据目标考核情况对下级进行评价和奖惩。

目标考核的实施过程

1. 确定考核形式
   直接考核、分段考核。

2. 确定考核步骤
   自我评定、上级评定、经理人评定、上报管理中心。

3. 确定考核内容
   目标进度、完成情况、实施手段、工作态度。

目标考核也是检验人才能力的契机，管理者可以对考核优良的员工进行奖励或晋升。

指标。特别是对于那些工作过程有逻辑顺序的部门或个人来说，对预定目标的进度要求往往很高。因此，在成果考评中，有必要对目标的进度加以评定，来反映目标实施进度的均衡程度，以及目标实施的实际进度与计划进度的偏离程度。

（2）目标完成情况。目标实现程度是以目标值作为考评尺度的。目标值是目标的具体形式，在考核阶段，将实际成果与目标值加以比较，就可以知道目标的实现程度。

目标值通常用两种数量指标来衡量，一是绝对数指标，它可以直接表现目标值的大小，给人一种清晰的数量概念，直接反映出预期成果的数量是多少；二是相对数指标，它可以综合反映目标值，特别是可以反映出经济效益的状况。但相对数指标比较模糊，目标值的直观性不够明显，不能直接体现不同目标执行者预期成果的大小。

（3）目标实施手段。实施手段是实现目标的工具和方法，也是实现目标的基本保证。一个好的实施手段，不仅能保证和促进目标的实现，更能使目标执行者取得更大成果，充分反映出目标执行者的智慧和才能。一般来讲，对实施手段的评价主要涉及三个方面：

经济上是否合理。在目标管理活动中，考评措施手段经济上的合理性，要把投入产出比作为标准。对于投入少、产出大，具有经济上合理性的措施手段，应该予以奖励。

内容是否有创造性。创造性是指创造性地运用某措施手段或加以改进，使之更加有效。在推行目标管理中，创造性是评价措施手段的重要指标，它能帮助管理者发现创造性人才，促进员工提高自身的创造力。

技术是否先进。这是评价实施手段的主要标准，也是提高目标管理效率的重要保证。对于采用新技术实现目标的，应给予更多的肯定和奖励。

（4）员工的工作态度。考核员工的工作态度可从以下几方面着手：

协作精神。指目标执行者在工作过程中，能否主动协助他人解决困难和实现目标，以及是否主动为共同目标的执行者或相关人员实现目标创造一个良好的环境。在成果考核中确立协作态度指标，有利于加强组织内部的团结，确保各项子目标和组织整体目标的实现。

工作热情。饱满的工作热情，是实现目标的重要保证。有了饱满的工作热情，各种具体的措施和手段才能得以良好地运用，目标执行者的潜在能力才能得以广泛地发挥。为此，在目标管理的期末考核中，对工作热情饱满的员工要给予肯定，对于工作热情不高的员工要给予鼓励，积极协助其查找原因。

总之，期末考核是对目标执行工作进行的最后评估，对目标管理活动也十分重要。企业应本着公平合理的方针，采用适当的考核方法，按考核的步骤认真地执行。

第六章

授权管理：

费心管人，不如授权于人

选择合适的时机

一个高效授权的管理者，他的全部授权技能体现在对这些关节点的把握之中。

1. 做好授权准备：扫除授权障碍，明确授权意识，创造授权气氛，制订授权计划；确认任务：有目标授权，针对特定任务授权，任务本身需要整理规范和明确。

2. 选择合适的受权者：根据下属的潜能、心态、人格来挑选合适的人完成特定的事。

3. 授权的发布：授权计划的最后商定，宣告授权启动，明确任务及权限，制定考核标准。

4. 进入工作：管理者放手让受权者完成工作，对一般性的工作方式不做干涉。

5. 控制进展：管理者要保证工作以一定速度进行，应当给下属适当压力，让其感到责任，保证工作按计划完成。

6. 约束授权者：注视下属行为偏离计划的倾向，防止授权的负面作用，及时反馈信息，保证授权沿预定轨道前行。

7. 检收工作，兑现奖罚：评价工作完成情况，按预定绩效标准兑现奖励或惩罚，总结授权，形成典范，全面提升管理水平。

对于一名高效能管理者来说，制订了合适的授权计划，掌握了正确的授权方法，接下来要做的就是要把握合适的时机。

有效的授权者常在下列情形出现时授权：

1. 管理者需要进行计划和研究而总觉得时间不够。

2. 管理者办公时间几乎全部在处理例行公事时。

3. 管理者正在工作，频繁被下属的请示所打扰。

4. 下属因工作闲散而绩效低下。

5. 下属因不敢决策，而使公司错过赚钱或提高公众形象的良机。

6. 管理者因独揽大权而使上下级关系不和睦。

7. 公司发生紧急情况而管理者不能分身处理时。

8. 公司业务扩展，成立新的部门、分公司或兼并其他公司时。

9. 公司人员发生较大变动，由更年轻有活力的中层管理者主持各部门、团队工作时。

10. 公司走出困境，要改变以往的决策机制以适应灵活多变的环境时。

授权的导入需要有三个基本条件：

一是管理者头脑中形成清晰的思路和完整的授权计划；

二是选择恰当的时机切入授权；

三是选择适当的形式宣告授权。

◇ 授权时的注意事项 ◇

授权是领导者通过为下属提供更多的自主权，以达到组织目标的过程。通过授权，领导者少了一些掌控权，为使工作不至于失控，领导者在授权时必须注意一些事项。

授权时的注意事项

1. 选择合适的授权对象。

2. 明确授权的目标，一定不要模糊。

3. 按步骤授权。

4. 布置合理的授权内容。

5. 不要重复授权。

6. 多授权富挑战性的工作。

7. 对完成目标进行管理和考核。

授权时是领导者管理权力的下放，领导者必须严格把控，防止授权变成滥权。

防止失控的方法

成功的管理者授权不会失衡。也就是说，在自己领导的组织系统内，对多个下属授权，权力要分布得合理，不能偏轻或偏重。如果对某个下属授权较多，则必须考虑他的威望及能力，是否为其他下属所接受。无根据的偏重授权，以个人感情搞亲疏性授权，是万万不可取的。

◇ 不要让授权失控 ◇

有效授权首先要选人得当。其次是要把握调整权。当授权有失于掌控之时，就应及时采取措施对其进行纠正。

防止授权失控的有效措施

选对人是基础措施

工作遇瓶颈时及时指导

工作偏差时及时予以警告

工作严重失误时收回职权

意识到授权错误时调整授权

快让开，刹车跑偏啦！

授权不等于完全放权，没有约束的权力就如没有装刹车的机车，随时会有发生车祸的可能。

任何授权都难免有失误的地方，授权失效应当及时纠正，可以采取的方法有：

1. 讨论和警告。当管理者首次怀疑任务是否可以准时完工，可向下属提出自己的疑问。不要以为延长时间会让情形改善。一旦发生问题，情况只有可能更加恶化。和下属谈谈自己关心的事项，同时同意确保任务会很快回复到目标计划。如果情况不佳，应与下属召开另外的会议。在第二次会议中，应警告下属，如果没有适度的进步，管理者可以进一步地干涉。

2. 撤回职权。任何授权的权力都是暂时性的，是可以废止的。当下属表现不如预期时；当组织改变的时候（如改变目标、组织重组、新的政策），职权也可能收回。所以管理者只要认为适当，可以收回职权给其他人行使，或不予变更。

3. 重新分配。当管理者面对期望颇深的方案或任务无法如期完成时，应考虑重新分配工作。管理者可以将方案重新分配给比较有经验的下属，或拆成几个部分让数个下属执行；也可以让下属保有原先分配到的任务，但是需要更进一步地监督。

分工是授权的真谛

一位美国企业家说："身为一个主管，应该明白想逼死自己最快的方法就是大权一把抓。"美国著名的社会学家怀特说："世界上最困难的事情是什么呢？就是把一件你很拿手的工作交给别人，再眼睁睁地看着他把事情搞砸，而你却还能心平气和地一言不发。"

1. 合理授权，解脱主管

有这样一种现象：走进任何一家公司，我们几乎都能见到这样的主管：他们喋喋不休地抱怨时间不够用、工作任务繁重不堪，他们经常加班加点，每天晚上都将公事带回家去处理，他们没有时间享受每年的节假日，没有时间陪妻子散步，更没有时间与儿女玩游戏，因此他们总听到妻子和儿女的抱怨，尽管如此，工作任务却总是越来越多，让他们穷于应付，而且这种趋势总是在加剧。

你与一些企业经理谈天，他们总是告诉你工作如何辛苦，不仅 8 小时以内充塞得像一个满胀的气球，就是 8 小时之外也常被工作"无情"地占用了。对他们来说，一天 24 小时，除了吃饭、睡觉之外，其余时间都花费在工作上了。为什么他们的工作显得格外忙呢？

据说企业管理工作中有"六愁"：一愁原材料，二愁能源紧，三愁资金缺，四愁销售难，五愁会议多，六愁事务杂。于是我们的经理们便像落进了泥潭中，被"愁"充斥着。管理对他们来说，只意味着一件事，即他们已成了工作的奴隶。

这就是许许多多主管的真实写照。而更加具有深刻意味的是，大部分的主管却并未意识到自己的真实处境。他们觉得这一切尽管在折磨自己，却是值得的，是唯一的工作管理的方法，正是这样才突出了他们的不可或缺的重要性。

然而果真是这样的吗？只要看一下主管们整日紧锁的眉头，就有答案了，答案就藏在这眉头的皱纹里。

原因是他们没有采取授权管理。因势利导，妥善授权，可以大大提高管理效率，又可以使主管们不必每天如此忙碌。因此管理者应该做到大权独揽，小权分散；绝不可权力集中，事必躬亲。

2. 人尽其才，管理省心省力

有些主管也许喜欢在工作上大包大揽，他们希望每件事情经过自己的努力，都能很圆满地完成，得到管理者、同事和员工的认可。这种事事求全的愿望虽然是好的，但常常收不到好的效果。

首先，你的精力不允许你这样做。因为一个人的能力是有限的，就算你每天拼死拼活地努力工作，事实上，部门内大大小小各个方面你总会有照顾不周的。何况一个人的精力是有限的，你如果总是这样，天天如此，你迟早会被累垮。

其次，巴掌再大遮不住天。整个企业并不是你一个人的，你的下面还有许许多多不同等级的人员，你把所有的事情都做了，那么，他们干什么呢？而且，许多人会对你的这种做法产生意见和不良情绪。

更有一些松垮成性的员工，会因为凡事都有你过问或代劳，而养成懒惰、工作消极的毛病。更为重要的是，长期的懈怠会使他们疏于思考，遇到稍微困难的问题就无法解决。企业整体的活力和创造力降低了，失去了生机，就不利于企业的发展。

你如果想少做一点儿得不偿失的事情，那么在上任之后，你首先要花一些力气摸清情况，了解每个员工的特点。

做好了这一步工作之后，再去让他们调动再下一级员工的潜力，安排适合每个人专长的工作。这样以此类推，一级一级，每个员工都将获得他们相对满意的工作，谁都不会再因此发牢骚、闹情绪，整个部门上下都在努力地工作。这不是一种省心又省力的方法吗？

3. 小权分散，管理好轻松

什么都干的管理者是什么都干不好的。记住，当你发现自己忙不过来时，你就要考虑自己是否干了些应该由员工干的事情，要考虑是否应该向下放权。

许多人喜欢命令员工去做事，以显示其领导地位。"你今天要给我把这份文件写好，并且打印三份。"这种命令的口吻多少让员工有些不快。

多发问，少命令。发问可以使员工觉得他也是企业的一部分，他在为企业的工作而努力，这比为某一个人卖命好一些。那么前面的命令可以转换为以下的发问："我们急等这份材料用，你看今天能写完并打印三份吗？"

作为管理者，有时也会遇到一些事情是超过自己权限的，而且对此业务也不太熟悉。这样的事不该管，管不好的事情干脆不管。聪明的你便不会如此受累不讨好。

一个人遇到的事有大、有小，管理者要全力以赴抓大事。大事就是全面性、根本性的问题。对于大事，管理者要抓准抓好，一抓到底，绝不能半途而废。一般说来，大事只占20%，你以100%的精力，处理好20%的事情，当然会轻松自如了！

记住，杀鸡不用宰牛刀。管理者小权分散，管理起来就会轻松自如。

◇ 授权的必要性 ◇

授权是一门管理艺术，充分合理的授权能使管理者们不必亲力亲为，从而把更多的时间和精力投入企业发展上，以及如何引领下属更好地经营企业。

授权的必要性

1. 授权是完成目标责任的基础

2. 授权是调动部属积极性的需要

3. 授权是提高部属能力的途径

4. 授权是增强应变能力的条件

授权过程也是重新分工的过程，它可以让下属的才智得以发挥，还可以让领导者从繁杂的具体事务中解脱出来，是一种双赢的策略。

授权授给什么样的人

授权必须授给以下 12 种人。

1. 及时向管理者报告处理好的问题的人。自己处理好的问题，他总能有时间向管理者报告，使管理者了解实情，不至于做出错误的判断，或是在会议上出现尴尬。当然，他还知道有些事情无须一一向管理者报告。但是原则上可称为"问题""事件"的事情，他都会向管理者报告。

2. 勇于承担工作责任的人。有些人在自己负责的工作发生错失或延误的时候，总是举出许多的理由，他总能为错失负起全责。他顶多只能对上司说一声："是我工作不力，责任心不够。"如果管理者问起错失的原因，必须据实说明，他很少有任何辩解，更很少把责任归咎于他人。

3. 将分内事情处理得干净利落的人。遇到稍有例外的事、身边的人稍有错失，或者旁人看来极为琐碎的事，他从不一一搬到上司面前去请示，他懂得轻重缓急，分得清利弊得失。他对管理者没有过分的依赖心理。要知道事事请求不但增加了管理者的负担，他本身也很难"成长"。下属拥有执行工作所需的权限。

4. 经常请求上级指示的人。下属不可以坐等管理者的命令。他必须自觉做到：请管理者向自己发出指示；请管理者对自己的工作提出指示。

5. 提供信息给管理者的人。下属在与外界人士、部属等接触的过程中，经常会得到各种各样的信息。这些信息，有些是对企业有益或值得参考的，他能把这些信息谨记在心，事后把它提供给管理者。自私之心不可有。向管理者做某种说明或报告的时候，有些下属习惯于把它说得有利，如此一来，极易让管理者出现判断偏差。尤其是影响到其他部门，或是必须由管理者做出某种决定的事，他在说明与报告时总是不偏向于任何一方，而是从大局出发，扼要陈述。

6. 理解并忠实执行管理者指示的人。领导一旦下达命令，无论如何也要全力以赴，忠实执行。这是下属必须严守的第一大原则。

7. 明白自己权限的人。被授权的人必须认清什么事在自己的权限之内、什么事自己无权决定，绝不能混淆这种界限。擅自做主、隐瞒不报、越级上报，都不允许发生。

8. 负起留守责任的人。有些下属在管理者不在的时候，总是精神松懈，忘了自己应尽的职责。例如，下班铃一响就赶着回家；或是办公时间内借故外出，长时间不回。按理，管理者不在，下属就该负起留守的责任。当管理者回来后，就应向他报告他不在时所发生的事情以及处理的经过。如果有代管理者行使职权的事，就应该将它记录下来，事后呈上详尽的报告。

9. 随时回答管理者提问的人。当管理者问及工作的方式、进行状况，他都能当场回答。好多下属被问到这些问题的时候，还得向其他人探问才能回答，这样的下属，不但无法管理部属与工作，也难以成为管理者的辅佐人。

10.致力于消除管理者误解的人。管理者也会犯错误或是发生误解。事关工作方针或是工作方法，管理者有时也会判断错误。管理者的误解往往波及部下晋升、加薪等问题。碰到这些情况时，他从不袖手旁观，而总是竭力消除管理者的这种误解。

◇ 领导者选人"五戒" ◇

选对人才能做对事，要想成为一个优秀的领导者，必须掌握选人用人之道。要想规避用人风险，则在选人时必须做到"五戒"。

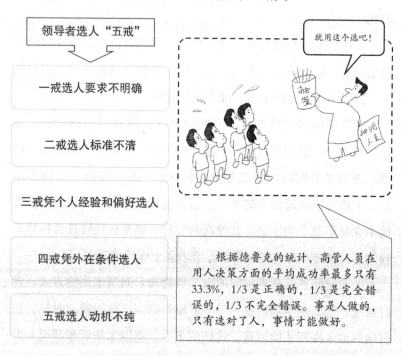

领导者选人"五戒"

一戒选人要求不明确

二戒选人标准不清

三戒凭个人经验和偏好选人

四戒凭外在条件选人

五戒选人动机不纯

就用这个选吧！

　　根据德鲁克的统计，高管人员在用人决策方面的平均成功率最多只有33.3%，1/3是正确的，1/3是完全错误的，1/3不完全错误。事是人做的，只有选对了人，事情才能做好。

11. 向管理者提出问题的人。管理者由于事务繁忙，平时很难直接掌握各种细节问题。能够确实掌握问题的人，一般非中层管理者莫属。

12. 代表他负责部门的人。管理者不在，他就是部门的代表人。管理者在场，他是下属的代表人，他是夹在上级与下属之间的角色。从这个立场来看，他必须做到把上级的方针与命令彻底灌输给下属，尽其全力，实现上级的方针与命令。随时关心下属的愿望，洞悉下属的不满，以下属利益代表人的身份，将他们的愿望和不满正面反映给上级，为实现下属的合理利益而努力。夹在上级与下属之间，往往使他觉得左右为难，但是他务必冷静判断双方的立场，设法调和。

完成授权需要三要素

所谓授权，是指将分内的若干工作交给下属去做。授权行为主要是由以下三个要素构成的：

1. 工作指派

一般管理者在指派工作时，往往只做到令下属获悉工作性质与工作范围，而未能令下属了解他所要求的工作成效。这一点可以被视为管理过程中的一大败笔，因为一旦下属对管理者所期待的工作成效不甚了解，则其工作成果肯定不够水准，即使超过水准，从人力资源有效运用的观点来看，这两种情况也都是不好的。其次，并非管理者分内的所有工作均能指派给下属履行。例如，工作目标的确立、政策的研拟、员工的考核与奖惩措施等工作，都是管理者维持控制权所不可缺少的。因此它们均需管理者亲自操作。

2. 权力授予

在指派工作的同时，管理者应对下属授予履行工作所需的权力。这就是"授权"两个字的由来。根据现代管理学者哈维·施尔曼的看法，授予的权力大小可以分为六个层次：

（1）审视这个问题，告诉管理者一切有关的实况，管理者将自行制定决策；

（2）审视这个问题，让管理者了解含正、反意见的各种可行途径，并建立其中的一个途径供管理者取舍；

（3）审视这个问题，让管理者了解你希望怎么做，在管理者同意之前不要采取行动；

（4）审视这个问题，让管理者了解你希望怎么做，除非管理者表示不同意，否则照你的意思去做；

（5）你可采取行动，但事后应让管理者知道你的所作所为；

（6）你可采取行动，而不需要与管理者做进一步的联系。

以上六个层次，第一个层次所授予的权力最小，但是它所期待履行的任务也相对最轻。第六个层次所授予的权力虽然大到令下属可以独立决断，但这并不排除管理者对所授的权力做必要的追踪、修正，甚至收回的可能性。

3.责任创造

管理者从事工作指派与授权后，仍然对下属所履行的工作的成效负全部责任。这就是说，当下属无法做好指派的工作时，管理者将要承担其后果，因为前者的缺陷将被视为后者的缺陷。可是，有些管理者在下属无法做好指派的工作时，企图将责任推卸给下属，这种做法显然是不正确的。另外，为确保指派的工作顺

◇ 基于动态原则的授权 ◇

授权的动态原则是指针对下级的不同环境条件、不同的目标责任及不同的时间，授予不同的权力。贯彻动态原则体现了从实际需要出发授权。

基于动态原则的授权

1.单项授权

即只授予决策或处理某一问题的权力，问题解决后，权力即行收回。

2.条件授权

即只在某一特定环境条件下，授予下级某种权力，环境条件改变了，权限也应随之改变。

3.定时授权

即授予下级的某种权力有一定的时间期限，到期权力应该收回。

管理是一个动态过程，而授权作为管理的重要方式，也应该遵循动态原则。

利完成，管理者在授权的时候必须为承受权力的下属定下完成工作的责任。下属若无法圆满地执行任务，则授予权力的管理者将追究其责任。

不要成为下属的下属

"授权是由管理者指向下属的吗？"管理者们从来不曾怀疑这一点，尽管授权类的书籍不厌其烦地告诉人们："授权是主管和下属的互动，是一种'团队游戏'。"但这并不能改变一个事实：授权标志着主管将自己手中的权力部分地转移到下属手中。真正令人奇怪的是，管理者有时会成为下属们"授权"的对象。

这种情形，你或许并不陌生：一位管理者正经过走廊，看到他的一名下属从走廊另一头走过来。下属向管理者打招呼说："您好，我们碰到一个问题，您看该怎么办？"

下属开始详细地说明这个问题。最后管理者说："谢谢你告诉我这些情况。我现在很忙，我要想一下再给你答复。"然后两个人分开了。

有些管理者成天手忙脚乱，他的办公室里总是排满了向他请示工作的人，这些人是他属下的各个部门的头头，他们把本该由他们自己做决定的事一股脑儿都推到了管理者头上。而这位管理者在逐一替他们做决定、拍板时，非但没意识到他是在替他的下属工作，反而可能还沾沾自喜，沉迷于受到尊重的美妙感觉之中。

下属们这么做或是为了减轻自己的工作负担；或是为了绕过难题；或是为了逃避责任；或者纯粹是工作的惯性，还没有注意到授权带来的工作的变化。

当然不能排除员工带有恶意的嫌疑。譬如说，当一件重要的工作急着要完成时，即使人们不愿帮助那个拖延工作的人，但最终还会去帮着他做的。这就给"逆向授权"的人以可乘之机。

遇到这种情况，管理者应把球巧妙地踢回去。当下属请示该怎么办时，反问道："你认为可能的办法有哪些呢？""你觉得哪一个办法更好些，能说一下理由吗？"记住，你是管理者，你总是能采取主动的。

然后，在某个适合的场合，管理者重提这件事，或明或暗地转告下属："不要试图逃避责任，如果事事都要由我自己来决定，你们根本没有在这里的必要了。"

美国山达铁路公司总经理史特莱年轻时，虽自己努力工作，但不知怎样去支配别人工作。一次，他被派主持设计某项建筑工程。他率领3个职员至一低洼地方测量水的深浅，以便知道经过多深的水才可以建起坚固的石基。

当时史特莱才二十出头，资历尚浅，虽已有几年在各铁路测量队或工程队服务的经验，但独当一面，指挥别人工作，尚属第一次。他极想3个职员做出表率，以增进工作效率，在最短的时间内完成工作。所以开始的第一天，他埋头工作并以为别人一定会学他的样，共同努力。

谁知道那 3 个职员见史莱特这么努力，便假意奉承史特莱的工作优良，而自己却袖手旁观，几乎一事不干。成绩当然难以达到史特莱预先的期望。

史特莱思索了一晚，发觉自己的措施失当，知道自己若将工作完全揽在身上，则他们自己无须再行努力。第二天工作时，史特莱便改正了以前的错误，致力于指挥、监督，不再事必躬亲，这样果然成效显著。

◇ 谨防"逆向授权" ◇

逆向授权，犹如金字塔被倒转过来，由员工来授权管理者。它是管理者为员工代劳的贴切描述。

怎样防止"逆向授权"的出现

让员工养成自己解决问题的习惯。

控制自己不要随意替员工解决问题。

在员工遇到困难时可以适当帮助，但不越级处理。

设立有效的监督机制。

无论什么时候、无论什么问题，帮员工解决问题时，绝不能职责不分，越俎代庖，让员工的问题变成你的问题。

让下属全部行动起来

柯维博士认为："现代社会许多大小公司的老板、部门主管早已被信息、电讯、文件、会议压得透不过气来。几乎任何一项请求报告都需要他们审阅，予以批示，签字画押，他们为此经常被搞得头昏眼花，根本无法对公司重大决策做出思考，在董事会议上他们很可能是最为无精打采的一类人。"柯维博士认为，工作的效率不高就是因为被一些琐碎的事给拖住了后腿。查尔斯是曾向柯维博士咨询过的一位老板。

查尔斯是纽约一家电气分公司的经理。他每天都要应付成百份的文件，这还不包括临时得到的诸如海外传真送来的最新商业信息。他经常抱怨说自己要再多一双手，再有一个脑袋就好了。他已明显地感到疲于应付，并考虑增添助手来帮助自己。可他终于及时刹住了自己的一时妄想，这样做的结果只会让自己的办公桌上多一份报告而已。公司人人都知道权力掌握在他的手里，每一个人都在等着他下达指令。查尔斯每天走进办公大楼的时候，他就开始被等在电梯口的职员团团围住，等他走进自己的办公室，已是满头大汗。

实际上，查尔斯自己给自己制造了许多的麻烦。自己既然是公司的最高负责人，那自己的职责只应限于有关公司全局的工作，下属各部门本来就应各司其职，以便给他留下足够的时间去考虑公司的发展、年度财政规划、在董事会上的报告、人员的聘任和调动……举重若轻才是管理者正确的工作方式；举轻若重只会让自己越陷越深，把自己的时间和精力浪费于许多小事上。这样的领导方式，根本无法带动并且推动公司的发展，无法争取年度计划的实现。

查尔斯有一天终于忍受不住了，他终于醒悟过来了，他把所有的人关在电梯外面和自己的办公室外面，把所有无意义的文件抛出窗外。他让他的属下自己拿主意，不要来烦自己。他给自己

◇ 授权让员工与领导者共赢 ◇

把部分繁杂而又不重要的工作交给下属去做，不但可以激发下属的积极性，使其提高工作效率，还可以让领导者的工作变得更加轻松。

授权对员工的好处

获得成长机会，可充分展示能力。主动性、创造性及工作效率提高。满足了自我实现需求。忠诚度提升。

授权对领导者的好处

总目标得以细分，利于目标达成。减少了控制，摆脱了依从，工作变得轻松。出现高效的团队和优异的业绩。

交给你了

权限下放

通过有效授权，领导者得以用简约、低成本的方法让员工自动自发、创造性地工作。授权就是就是让别人为你工作，是放大自己时间的杠杆，是决定一个领导者能力高低的标志。

的秘书做了硬性规定，所有递交上来的报告必须筛选后再送交，不能超过十份。刚开始，秘书和所有的属下都不习惯。他们已养成了奉命行事的习惯，而今却要自己对许多事拿主意，他们真的有点不知所措。但没过多久，公司开始有条不紊地运转起来，属下的决定是那样及时和准确无误，公司没有出现差错。相反地，以前经常性的加班现在却取消了，只因为工作效率因真正各司其职而大幅度提高了。查尔斯有了读小说、看报、喝咖啡、进健身房的时间，他感到惬意极了。他现在才真正体会到自己是公司的经理。

查尔斯以前的领导方式，就是受到了传统集权式管理的负面影响。所幸，查尔斯意识到授权在管理中的重要性，他开始下放自己手中的大部分权力给各主管以及每一个员工，让他们有机会发挥自己的优势，有权力决定自己怎样做才能做得更好，不必千篇一律。授权的结果就是要让下属全都行动起来，充分利用自己手中的权力，完成自己的工作，使之更趋完美。

授权中存在的误区

从管理者方面来说，要防止以下授权的误区：

1. 不愿授予下属权力

（1）自认为自己能干，认为下属能力不足或经验不够，不足以担当更大的责任，不愿授予下属权力。

（2）主管怕授权太多，威胁到自己在组织中的地位。

（3）主管权力欲过大，认为管理越多，权力越大，表明自己越行，他们在被人请示时有种虚荣式的成就感。

（4）有些工作有其重要性与紧迫性，甚至带有机密性，必须由主管亲自处理。

2. 授权过于片面

（1）把授权当成推卸责任的"挡箭牌"。现实中有些管理者不知"士卒犯罪，过及主帅"的道理，错误地认为授权后，事情自有被授权者全权负责，自己可高枕无忧了。其实这是非常错误的。

须知，管理者在授权时必须彻底，但对于授权后下属所做的一切事情，仍然要承担起责任。诸葛亮误用马谡，失守街亭，班师回来自上书引咎自责，请求贬官三级，以负"用人不当"的责任。诸葛亮这种严于律己、勇于承担责任的精神实在令人敬佩。

（2）模棱两可，又授又不授。有的管理者在授权时总放心不下，总对下属有疑虑，经常干涉被授权者，阻碍权力的正常行使。结果，搞得下属很被动。还有的管理者授予下属的权力与下属所负的责任极不相称，使下属面临"责大于权"的状况。如有一位主管委托一名工程师去与外商谈判，而不授予其最终拍板的权力。

（3）超越中间环节越级授权。管理者不可把中间层的权力直接授给下属，这样做，会造成中间管理者工作上的被动，扼杀他们的负责精神，久而久之，会形成"中层板结"。如果出现对中层管理者不利的情况，管理者要采取机构调整或者人员任免的办

◇ 如何克服授权中存在的误区 ◇

实践中，领导者在授权时总会或多或少地出现一些误区，克服这些误区是进行有效授权的先决条件。

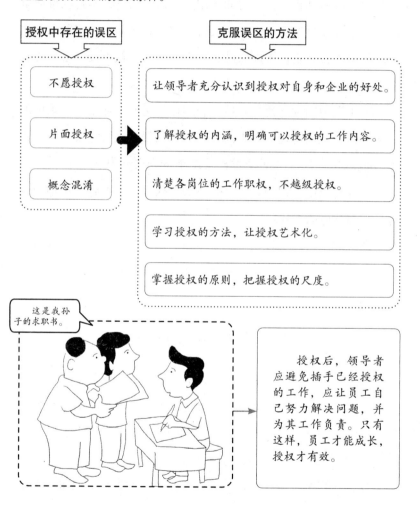

授权中存在的误区

- 不愿授权
- 片面授权
- 概念混淆

克服误区的方法

让领导者充分认识到授权对自身和企业的好处。

了解授权的内涵，明确可以授权的工作内容。

清楚各岗位的工作职权，不越级授权。

学习授权的方法，让授权艺术化。

掌握授权的原则，把握授权的尺度。

这是我孙子的求职书。

授权后，领导者应避免插手已经授权的工作，应让员工自己努力解决问题，并为其工作负责。只有这样，员工才能成长，授权才有效。

法解决问题。

3. 混淆概念

（1）混淆分工和授权。分工是指在一个组织里，由各个成员按其分工各负其责，彼此之间无用人的隶属关系，不存在谁向谁授权。而授权是专指发生在用人者与被用者之间的特定关系，他们之间由授权和责任予以联结，必定是一方有权可授，另一方有责任可负。

（2）混淆助理与授权。授权和助理都是发生在用人活动中的用人形式，但两者之间是不同的。助理只帮助主管完成工作，并不为他承担责任，其活动过程及结果的全部责任由主管一人承担。而在授权中，被用者既然有一部分权力，也就必须承担与这部分权力相应的责任。

（3）混淆代理与授权。代理是指在一定时期内，受命代替某人执行任务，代理者与被代理者之间不一定存在授权关系。

充分信任是授权的基础

亚太公司的员工们感到他们的管理者和公司在发生着某种变化，在变化之初，他们曾经带着迷惑，甚至有些不太习惯。

亚太公司属于那种一切都很平常的公司，员工们领着一份不算丰厚，但也说得过去的薪水；做着不很轻松，但也没什么压力的工作，一切都平平淡淡，员工们也似乎并没有什么期望，也没有期望大的改变或什么更有意义的事情。也许他们曾经有过这种念头，但现在这种念头已很微弱了。

一天，管理者召集员工们开会，他向大家宣布：公司将会发生改变，我们检讨，公司以前并没有给予大家充分的信任与空间，而我们即将要采取措施来改变这种情况。公司相信每一位员工都有独立完成工作的愿望和能力，而不是接受一份十分具体的任务。我们要求主管们做的，正是由分派任务的方式转向放手让大家独立探索的问题的解决方式。

员工们清清楚楚地听见了管理者的每一句话，尽管他们表面上还是那么无动于衷，但内心却心潮澎湃。然而，他们仍在犹豫：真的会这样吗？此后，管理者再向他们分派工作时，就不再说"只要照着我告诉你的话去做就可以了"，而是在告诉他们事情是什么之后就不再过问，只是约定每两周的周五下午，员工团队的小头目去他那儿谈一下事情的进展情况。

一开始，员工们并不敢按自己的意愿去做，因为以前不是这样的，他们甚至感到有些手足无措。最初，员工们会犹豫不决地敲开主管办公室的门，就一件工作的细节问题向主管请示，主管总是微笑着说："我相信你自己能解决它，做出最好的选择。"或"让你的工作小组来讨论决定吧，相信大家能得出完美的结果。"

员工走出管理者办公室的门时，内心有一种激动，他感受到了被信任，而这种感觉无疑让人产生动力；他感受到了挑战，这让他有一种冲动，他要把这件工作做到最好，来回报管理者的这份信任。这时，员工们才发现，长期以来在公司里，他们总是感觉少了些什么，以前，他们总不知道到底少了什么，而现在，他们找到了，那就是信任。而在此之前，他们隐隐约约一直在渴望的，也正是这样一种感觉。

对于高明的管理者来说，这无疑是第一要诀。对管理者来说，要真正从内心相信员工们能做好这件事，就要把整个事情交给对方，同时交付足够的权力让他做必要的决定。

◇ 信任是最好的效率 ◇

对于各级领导者来说，最重要的工作之一就是在企业与员工之间建立信任，让员工充分了解工作的价值和意义，激发员工的工作和创造热情，并通过职责分配、授权等给予员工体现价值、追求卓越的机会。

给予员工信任的方式

一是让部属担当一定的职责。

二是将信任和宽容落实于行动，放手让他们在职权范围内独立处理问题。

三是工作遇到阻碍时，给予坚定的支持。

信任人、尊重人，可以给人以巨大的精神鼓舞，激发其事业心和责任感，而且只有上级信任下级，下级才会信任上级，并产生一种真正的向心力，使管理者和被管理者和谐一致地工作。

授权过程中监控要到位

A 公司隶属一家民营集团公司。由于集团公司业务经营规模的扩大，从 2002 年开始，集团公司老板决定把 A 公司交给新聘请来的总经理和他的经营管理层全权负责。授权过后，公司老板很少过问 A 企业的日常经营事务。

但是，集团公司老板既没有对经营管理层的经营目标做任何明确要求，也没有要求企业的经营管理层定期向集团公司汇报经营情况，只是非正式承诺，假如企业盈利了将给企业的经营管理层一些奖励，但是具体的奖励金额和奖励办法并没有确定下来。

这是一种典型的"撒手授权"。这种授权必然引发企业运营混乱。A 企业由于没有制定完善的规章制度，企业总经理全权负责采购、生产、销售、财务。经过两年的经营，到 2004 年年底，集团公司老板发现，由于没有具体的监督监控制度，A 企业的生产管理一片混乱，账务不清，在生产中经常出现次品率过高、用错料、员工生产纪律松散等现象，甚至在采购中出现一些业务员私拿回扣、加工费不入账、收取外企业委托等问题。

同时，因为财务混乱，老板和 A 企业经营管理层之间对企业是否盈利也纠缠不清，老板认为这两年公司投入了几千万元，但是没有得到回报，所以属于企业经营管理不善，不能给予奖励。而 A 企业经营管理层则认为老板失信于自己，因为这两年企业已经减亏增盈了。他们认为老板应该履行当初的承诺，兑现奖励。

双方一度为奖金问题暗中较劲。

面对企业管理中存在的诸多问题，老板决定将企业的经营管理权全部收回，重新由自己来负责企业的经营管理。这样一来，企业原有的经营管理层认为自己的付出付之东流，没有回报，工作激情受挫，工作情绪陷入低谷。另外，他们觉得老板收回经营权，是对自己的不信任和不尊重，内心顿生负面情绪。有的人甚至利用自己培养的亲信，在员工中有意散布一些对企业不利的消息，使得企业有如一盘散沙，经营陷入困境。

很多人都知道"八佰伴"这个名字，作为著名的日本连锁企业它曾经盛极一时，光在中国就拥有了很多家分店。可是庞大的商业帝国"八佰伴"为什么顷刻间便宣告破产了呢？原来，到了后期时，"八佰伴"的创始人禾田一夫把公司的日常事务全都授权给自己的弟弟处理，而自己却天天窝在家里看报告或公文。他弟弟送来的财务报告每次做得很好。但事实上，他弟弟背地里做了假账来蒙蔽他。

最后，八佰伴集团倒闭，禾田一夫从一位拥有四百家跨国百货店和超市集团的总裁，变成一个穷光蛋。几年后，禾田一夫在中央电视台《对话》栏目接受采访，主持人问他："您回顾过去得到的教训是什么？"他的回答是："不要轻信别人的话。一切责任都在于最高责任者。作为公司的最高领导者，你不能说'那些是交给部下管的事情'这些话，责任是无法逃避的。"

后来禾田一夫在回忆八佰伴破产的时候也承认，因为时代的进步需要更多的头脑来武装企业，所以家族式的管理已经不利于企业的发展。禾田一夫让其弟弟禾田晃昌做日本八佰伴的总裁，这本身就是一个典型的失败。在八佰伴的管理体制下，不但下面的人向上级汇报假账，连禾田一夫的弟弟也向他汇报假账。

从上面两个例子里，我们必须知道，真正的授权就是让员工放手工作，但是放手绝不等于放弃控制和监督。

◇ 授权不等于放任 ◇

有效的授权并不是权力下放后就不再过问，而是要通过必要的跟踪检查，随时掌握部属行使职权的情况，并给予必要的指导，以避免工作中出现失误。

对授权进行掌控的方法

一是及早、及时监控。要做到"有限分权，无限控制"。

二是充分信任，杜绝放任。信任部属是必需的，但信任也要有个度。

三是及时跟进。在协助部属完成任务的同时实施监控。

四是授权后的有效反馈。反馈应当及时，内容应当具体。

领导者为了使授权不至于失控，必须对部署进行必要的监控。虽然已授权的工作不再亲历亲为，但是部署的工作还是要尽收眼底才行。

团队管理：

1+1>2 效应

善于适时为团队减压

英国作家维龙·可曼博士写了一本书《舒缓工作压力的技巧》，在书中提到了在英国公司里，平均每个团队成员每年因为压力过大而折损了价值 1000 英镑的生产力。也就是说，假如这个公司有 1000 人，每年就要平白损失 100 万英镑的收入。为什么会这样？很简单，团队的管理者没有学会为自己的团队减压。

鉴于现在的员工都处于极大的工作压力之下，许多跨国公司都积极提倡开放的企业文化和轻松的工作氛围，这一点在微软尤为突出。软件业的从业人员显然处于更大的工作压力之下。

为了减轻员工技术层面上的压力，微软在做任何一项软件开发的时候，每天都有一个"检测点"，员工们以研讨会的方式在

◇ 让员工的压力找到排泄口 ◇

调查显示，工作压力是精神紧张的第二大诱因，仅次于财务上的担忧。大多数人都在竭力应对严苛上司或是繁重工作给自己带来的紧张情绪。

> 巧用四招帮员工减压

闲聊缓解工作压力——闲聊时人们可以不设防地展示自己，有助于精神放松。

咖啡缓解工作倦怠——在悠悠的浓香中，放松神经，增进同事之间的感情交流。

娱乐让压力不再堆积——定时或不定时的娱乐项目填充员工枯燥乏味的工作间隙。

弹性使工作随心而"做"——让员工可以灵活、自主地选择工作的具体时间。

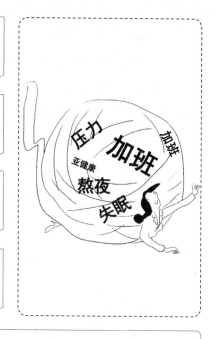

随着过劳死问题受到越来越多的关注，很多老板开始意识到，要想让员工塌实尽心地工作，提高工资并不是唯一的手段，帮他们减压也是很重要的一个方面。

第七章　团队管理：
1+1>2效应

一起探讨问题。为了减轻业务人员的压力，经理们通过直接对话的方式定期与之交流，帮助减压。

虽然生活中没有固定的模式可以保证免受压力，但还是有许多方法可以减轻压力，团队管理者可以采用下列几种方法在团队中营造出轻松的氛围。

1. 用培训减压。培训一方面可以提高团队成员的专业知识和技能，另一方面也会让他们学会如何减少和对付工作压力。这将有利于他们掌握沟通的技巧，学会处理上下级、同事之间的关系，更合理地安排工作时间，从而做出更好的成绩。

2. 重新设计工作内容。为了改变工作和团队成员的不适应状况，除了进行人员调整外，还可以重新设计工作，使工作变得富有挑战性和刺激性。当然，通过工作再设计只能减轻而不会消除工作中固有的压力因素。通常，许多工作在设计之初就应考虑到可能存在的压力，尽量使团队成员能够控制他们自己的工作进度，允许他们更多地运用自己的技术和能力。通过这种方式，将会提高团队成员的工作满意度，减少压力反应。

3. 把压力宣泄出来。实际上就是为团队刻意创造一种情境，使员工紧张的情绪发泄出来，取得一种心理平衡的方法。精神发泄的方法可以有多种形式。日本有些企业专门设置了"情绪发泄控制室"，有压力的员工随时可以去室内治疗，痛打模拟人形等，发泄自己的怨气和不满。美国著名的威尔逊培训中心也有类似的精神发泄室。

描绘清晰的团队愿景

一般来说，描绘团队愿景分为这样五个阶段：告知、宣传、检测、咨询和共同创造。

1. 告知。所谓"告知"，首先要求高层领导十分清楚团队的愿景是什么，然后将愿景告知部下。例如，"我们一定得这么做，这是我们的愿景。假如这个不能打动你，那么你最好重新考虑你在公司的前途。"在这个过程中，传达信息的方式要直接、清晰和一致；领导者对于公司的现状一定要说实话；应该清楚说明哪些事情可以妥协，哪些事情不容置疑；可以描述细节，但不要描述太多的细节。因为愿景只是一幅想象的图景，需要人们根据各自的偏好进行想象。你的描述只能反映自己的偏好，未必是别人希望的。

2. 宣传。宣传阶段，领导者应随时保持与组织成员的沟通；帮助他们自发地投入，而不要操纵他们；不仅要较具体地勾画出愿景，而且要把重心放在愿景所能够为组织及其成员带来的好处上。简言之，要多进行正面宣传，反馈积极的信息。至于宣传方式，从开会、张贴标语到个别交谈，方式多种多样，只要有效，都可采用。

3. 检测。检测，即了解下属对愿的真实反应，了解下属对愿景中的各个部分的想法。此时须注意的是，领导者应为下属提供充分的信息；在使用问卷进行调查时，不要对答案进行诱导，要倾听下属的真实想法；保护下属的隐私；采用面对面交谈的方法；想办法测试出下属对于组织的效益和能力的看法与希望。

4.咨询。咨询阶段，高层领导者应邀请整个组织来当顾问，以塑造共同愿景。此时应注意不要让信息遭到扭曲，并应整理及发布讨论的结果。

◇ 企业愿景要被员工接受 ◇

领导者制定的愿景如果被员工所接受，进而内化为他们的个人愿景，那么企业愿景就能顺利实现。

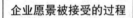

企业愿景被接受的过程

领导者单方面告知	领导者与员工双向沟通	领导者对员工接受程度进行测试

领导者和员工就企业愿景达成一致	员工就企业愿景发表自己的看法

企业愿景被接受的过程，也是员工对企业发展方向认识逐步清晰的过程。只有员工认识了企业的发展航向，才能与企业保持目标一致，共同达成愿景。

5. 共同创造。所谓"共同创造"，已经是具体实施的阶段，也就是每个人开始为他们想塑造的愿景而工作的阶段了。

领导者在推动建立共同愿景时，也应注意一些方法与技巧。

1. 以个人愿景为团队愿景的基础。史密斯说："组织变成了人们自我实现的工具，而不只是他们隶属的机器。"这就是说，只有当团队成员不把自己视为团队的附属物的时候，他们才可能将共同愿景视为个人愿景的体现，并为建立共同愿景而贡献自己的智慧与才能。

2. 平等对待每一个人，并彼此尊重。这包括两个方面：一是领导者对每位成员及他们的个人愿景给予应有的尊重；二是团队成员彼此尊重，特别是对别人的个人愿景应当给予充分的尊重。例如，某人的愿景是致富而不是造福人类，只要他的行为与组织的共同价值观不相冲突，就不能认为他的动机是不高尚的。

3. 达成共识不等于意见一致。所谓"共识"是指对共同愿景的理解与认同，而不是在任何地方总是意见一致。一般组织中的常见做法是，对某个问题要得到一致的结论，于是将不同意见搁置一边或掩盖起来。压制不同意见，无异于剥夺了人们发表意见的权利，必将影响士气。正确的做法是，行动上相互合作，目标一致；观念上相互交流，允许不同意见。

4. 每个人的意见只代表自己。对于共同愿景的意见各个成员可能有所不同，事实上这取决于团队成员对团队目标的认同程度。在这里，同样不能有任何强加的成分。

5.过渡的愿景来鼓舞士气。共同愿景应是组织发展的远大目标，应能反映组织中各个成员的个人愿景。但情况往往是，如果共同愿景的目标过高，与现实之间的距离过大，那么就有可能使得组织成员觉得目标高不可攀而失去信心。因此，作为组织的领导者，一方面应将共同愿景具体化；另一方面，可将共同愿景"阶段化"——即设定一些过渡性的阶段目标，以便让成员们看到未来发展的可能性及实现远大目标的可行性。

6.以团队学习为基本形式，来提炼组织的愿景宣言。团队学习是团队修炼的有效形式，是团队成员之间进行深度沟通的有效方式。在建立共同愿景的过程中，应充分利用这种形式。

团队凝聚力的标志

每一个成功的团队都有几个共同特征。

1.荣辱与共，互相关心。在电影里，我们经常看到这样的感人事例：受伤的士兵听说部队要出发，就偷偷跑出来跟上他的队伍。因为没有什么比跟自己的团队在一起更让他感到安心，他的生死荣辱已跟团队连在一起。

让队员互相关心起来的一个最好办法，就是把他们集中在一个工作场所以外的地方，以便互增友谊。如组织度假之类的活动，将他们置于社交环境之中。让他们花些时间和他们不很熟悉的员工在一起，这样他们之间不仅能建立一种关系，也能避免他们拉帮结派。

2. 了解团队目标。了解团队目标，才能知道该干些什么对团队更有益，才能相互合作。这样，团队就能像一台质量精良的跑车一样全速前进，而每个成员都是跑车上的一个部件。

3. 相互交流，融洽无间。相互交流才能合作。没有这一点，队员们很可能互相不和谐，不知道团队工作的重心所在，一些重要的工作会因此被遗漏，而队员们却在做重复的工作。应该建立

◇ 高效团队的典型特征 ◇

高效团队是指发展目标清晰、完成任务前后对比效果显著增加，团队成员在有效的领导下相互信任、沟通良好、积极协同工作的团队。

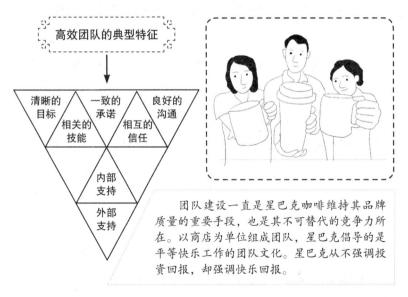

团队建设一直是星巴克咖啡维持其品牌质量的重要手段，也是其不可替代的竞争力所在。以商店为单位组成团队，星巴克倡导的是平等快乐工作的团队文化。星巴克从不强调投资回报，却强调快乐回报。

和鼓励一种积极的交流气氛，队员们能够感到他们在这种环境下，可以安全地提出意见、批评而不受威胁。

4. 相互学习，共同成长。一旦团队的成员互相关心，又有一个共同目标，并能相互交流，他们就已经开始发展了。这种发展包括共享经验增多和互相沟通加深。

5. 相互认同，配合默契。当互相关心的人一道成长，并朝向一个共同的目标前进时，他们开始欣赏彼此的长处，了解彼此的不足，他们开始认可并欣赏每一队员的独特素质，并在工作中形成信任和默契。

20世纪80年代，当中国女排称霸天下时，世界其他强队挑选精英组成"明星队"，与中国女排对抗，结果却以悬殊比分落败。事实上，并非"明星队"的实力不如中国女排，只是临时组队，配合不如中国女排默契而已。

团队默契来自成员们相互合作的态度，每一名成员都尊重其他成员，并渴望为团队做出贡献，也都期望其他成员对团队有所贡献。这使得他们会互相取长补短而不是互相揭短，这使得成员们在遇到特定任务时，很自然地对同伴说："你真的是最棒的！你去做这件事吧，你能做得比我好。"而同伴绝不会觉得这是在阿谀奉承或推卸责任。一旦成员互相了解、互相信任并开始互相默契配合后，这支团队的个性就开始形成了。

6. 将团队整体利益放在首位。达成这一点的前提是，队员们真正相信团队成功的价值比他们个人自身利益的价值要大得多。

他们相信，随着团队目标的实现，他们也能取得成功。

7. 拥有强大的后备力量。如果团队没有后备力量，就无法继续发展。例如，一家公司发展到一定程度，要开办分公司。这时，就需要大批的领导者。如果公司拥有一种培养潜在领导者成为真正领导者的机制，则人才方面不成问题；如果临时招聘、培训，必然影响公司的发展进程。

8. 团队成员情愿付出代价。在一个伟大的团队，每一名团队成员都乐意将时间与精力花在训练与准备上，愿意承担责任，愿意放弃个人的偏见，愿意为了团队的成功牺牲个人利益。当然，前提是团队成员确信团队目标值得追求。如果不是人人都相信这个事业是值得付出的，他们就不可能尽力而为，更谈不上献身。

高效团队的特征

高效团队的特征主要从以下几个方面得以体现：

1. 共同制定团队目标

成功的团队管理者大都主张以成果为导向的团队合作，这将使团队获得非凡的成就。团队的每一个成员对自己和群体的目标十分清楚，并且深知在描绘目标和远景的过程中，让每位伙伴共同参与的重要性。

高效团队的团队管理者会经常和成员一起确立团队目标，并设法使每位成员都清楚了解并认同团队目标，向团队成员指出一个明确的方向。当团队的目标由团队成员共同协商产生时，团队成员有一种拥有"所有权"的感觉，并从心底认定"这是我们的目标和远景"。这样，作为团队管理者，就为以后的工作奠定了良好的基础。

2. 团队成员具备相关技能

高效团队的每一位成员都具备实现理想目标所必需的技术和能力，具有能够良好合作的个性品质，从而出色完成任务。在一

◇ 高效团队的目标特征 ◇

团队的高效主要体现在目标的达成效率上，可以说，合理的目标定位是团队高效的前提。

高效团队的目标特征

1. 团队成员能够描述，并且献身于这个目标。

2. 目标十分明确，具有挑战性，符合 SMART 原则。

3. 实现目标的策略非常明确。

4. 面对目标，个人角色十分明确，或团队目标已分解成个人目标。

在团队管理中，首要任务就是在任何行动前先确定目标。这样不但能使不同角色成员有完全一致的目标，更重要的是使团队有前进的动力。这正是高效团队的不同之处。

般性的群体中，有精湛技术能力的人并不一定就有处理群体内人际关系的高超技巧，高效团队的成员却往往兼而有之。

3. 彼此信任

成员间相互信任是高绩效团队的显著特征，每个成员对其他人的行为和能力都深信不疑。团队具有坦诚、开放的沟通气氛，团队成员相互依存，友好合作，公开分享信息和专业知识。当然，维持群体内的相互信任，还需要引起管理层足够的重视。组织文化和管理层的行为对形成相互信任的群体内氛围很有影响。如果组织崇尚开放、诚实、协作的办事原则，同时鼓励员工的参与和自主性，它就比较容易形成信任的环境。

4. 角色明确

高效团队的每位成员都清楚地了解他所扮演的角色是什么，知道自己的工作成绩对团队目标的达成会产生什么样的影响，知道什么该做、什么不该做，彼此之间也清楚其他成员对自己的要求。

高效团队在最初分工时，彼此就已经建立起相互依存的关系。大家既清楚合作的重要性，也知道在团队的荣辱成败中，自己有多么重要的分量，并且彼此间能避免发生矛盾冲突。

5. 管理有效

高效团队的管理者能够为团队指明前途，让团队跟随自己共同度过最艰难的时期。他会向成员阐明变革的可能性，鼓舞团队成员的自信心，帮助他们更充分地了解自己的潜力。管理者应对团队提供指导和支持，但并不试图去控制它。

6. 具有良好的支持环境

高效团队通常都有良好的支持环境。从内部条件来看，团队有一个合理的基础，包括适当的培训，以培养团队成员的团队需要的技能和知识；一个易于理解的评估员工绩效的测量系统；另一个支持团队建设和运作的人力资源系统。良好的基础结构可以支持并强化团队成员的行为，取得高绩效水平。从外部条件来看，高效团队还获得了管理层所提供的各种完成任务所必需的资源。

高效团队的必备要素

只要是办企业，谁都希望自己的企业越做越强、越做越大。老板如何才能把企业做强做大呢？个人的力量是有限的，团队的力量是无穷的。企业只有充分发挥团队的力量，才能把企业做大。可是团队又如何打造呢？每个老板都说重视人才，可有了人才却又用不好。问题出在哪里呢？打造高效团队到底需要哪些要点呢？

1. 清楚的任务

团队的任务是所有要素中最重要的，没有一个清晰界定的任务，团队不可能合理构建。例如经济学家谢伊在分析质量循环工程的成功与失败时，发现所有不成功的工程都是由于任务的模糊造成的，组织文化的导向也无法弥补这一缺憾。

团队任务自身是可变的，如从需要一段时间完成一个单独的任务（如一支项目开发团队），到持续性的任务（如一个生产团队或者一个初级健康保健团队）。但是，除非其成员知道目标是什么，否则没有任何一个团队能够有效运作。因为正是企业建立了团队并为其提供资源，也正是企业需要明确团队所要达到的目标。

2. 足够的资源

基本资源对团队来说至关重要，这些资源必须由团队所处的企业提供。在组成团队的人中需要大量的综合性技术，也需要各种其他的技能。每个团队具有自身的一套资源需求，而且在团队生命过程中可能会改变。企业应该保证为团队提供必要的资源，使其能够有效地完成任务。而管理者要做的，就是不断协调企业和团队的关系，努力使企业满足团队的需求。

3. 可靠的信息来源

可靠的信息是保证团队良好运作的要素，它的获取可能需要特别的信息媒介通道，比如去发现一个特别程序是如何进行的，或者去发现特定的成本是如何获得的。如果团队的决定会变成现实，则具有准确的信息至关重要，甚至确定可能存在某种问题也非常重要。团队必须考虑到企业中的新发展和新变化，这也需要信息。

4. 持久的培训

得克萨斯州中洛锡安市的查帕罗尔钢铁公司的管理者为自己的工作团队设定了 22 门不同的课程。85% 的团队成员都会接受其中一门或一门以上课程的学习。为了鼓励团队成员了解其所在部门的每一项工作，企业规定，凡是利用业余时间学习的人，每进行4个小时的培训，就可得到20美元的奖励。这种现金奖励的数额还将随着他们所完成的课程门数的增多而增加。这种培训活动使查帕罗尔公司拥有了更多的掌握多种技能的员工，也拥有了一支由综合素质优秀的人才组成的高效团队。

很多大企业认识到，给团队成员提供持续的培训就等于为企业和员工支付股息。每个人都能得到学习新技术的机会，获得观察事物的新方法，结识新的工作伙伴并与他们一道通力合作。

团队成员一旦具有了打破常规的勇气与能力，就可以不断地进行自我激励，不断学习、不断自我完善，这样的团队能令企业充满生机，不断向前发展。

5. 及时反馈

团队执行任务需要来自企业的可靠的定期反馈。如果团队与企业的其他部分隔绝，它就会很快分裂。因为团队需要向企业其他部门学习，使团队工作与之相适应，能够与组织其他部门更好地结合，弄清什么时候是做某事的正确时机，甚至当其他部门改变时，也能够保证该部门的任务完成。

对许多企业的研究发现，大部分团队成员总是认为自己没有得到足够的重视，也就是说，大部分的企业都认为团队成员的努力与付出是理所当然的，所提供的反馈也不够。所谓没有得到足够重视，并非仅限于加薪或升职。团队成员最需要的是，在有所成就之后受到肯定和赞扬。管理者可以通过一声"谢谢"、一份小礼物、公开赞扬等方式，表达对团队成员努力付出的肯定。除了听取团队成员的工作汇报，给予他们各种指示之外，这种激励性的回馈也必不可少，它会使团队朝气蓬勃，不断进取。

◇ 高效团队的构成要素 ◇

高效团队就如高速运转的机器，机器是由不同部件组装而成的，同理，高效团队也是由不同的要素构成的。

高效团队的构成要素

清晰的目标——指引团队前进的方向。

充足的资源——目标达成的技术保障。

精准的信息——快速准确解决问题的保证。

系统的培训——提高成员素质的必要途径。

信息的反馈——充分发挥成员智慧的渠道。

过程的支持——顺利达成目标的保证。

没有完美的个人，只有完美的团队

　　所有团队成员是组成高效团队的必备零件，他们既相互独立又相互联系。他们协同一致的工作保证了团队目标的实现。

6. 技术与过程协助

任何工作团队都需要一定的技术援助以有效地执行任务。简单的如需要为一次演示制作幻灯或打印正式报告，复杂的如需要某人在一个特殊的生产过程中提供详细的化学方面的专业技术知识，需要市场专家参与以帮助团队将新产品推向市场，也可能需要流行病学家对保健团队提一些关于交通事故应急处理方面的专业建议。每个企业都有许多独立的部门，在一个部门工作的人通常不能完全明白其他部门在做什么，因此如果企业可以向团队提供其所需的各类信息，以及怎样获得相关信息，对于团队工作来说会容易一些。

研究结果表明，所有的成功团队都将这六种要素应用得非常好。无论是哪一类团队、目标是什么、人员有多少，应用这六种要素都可以有效激发团队自身的潜力，使团队释放出最大能量。

几种可供选择的管理模式

若要成功地管理团队，应对以下四种管理模式有所了解：

1. 价值观管理模式

团队管理的重点是形成团队成员间的一致意见、共同的价值观和应用于工作中的原则。的确，分享对于工作的共同看法可以被看作团队定义的特征，如果没有它，团队就只是一些人松散的无意义的集合。具有共同的目标让人们团结在一起，感到能够与其他人合作共事，并获得"他们和我们"的感觉。

因此，根据这个结论，建立一个有效团队的主要任务是形成一致的宗旨。团队的管理者致力于统一团队成员的价值观，通过各种手段让人们把工作的意义与团队本身结合起来，从而使将来可能出现的问题减到最少，并有效减少团队成员之间的矛盾。这类团队享有高度群体自由，管理者可授权下属在一定范围内自己识别问题和进行决策。

这种管理模式可使团队成员彼此高度理解，排除了许多潜在的意见与行为矛盾，当团队成员来自不同的专业时，这种管理模式特别有用。

2. 任务导向管理模式

这种管理模式属于管理者向下属"兜售"自己的决策，使团队成员们弄清任务意图，并明确揭示出挑战背后的含义。团队管理者需要给予他们鉴别与提炼任务所需的特殊技能，鼓励他们设立特殊的目标来协调完成团队任务的过程。这种管理模式要求团队所有成员都将任务放在第一位，个人感受、"地下议程"等都不被看作团队行为的合法部分，即只有完成工作任务才是唯一一件重要的事情。所以，团队管理者需要强调用特殊任务来帮助团队达到目的，定义时间表和次级任务，训练决策技能，建立克服障碍的战略。

这种管理模式最容易打造出高效团队，它能够将团队的操作或交流困难清晰地表达出来，从而迅速加以解决，使团队成员不

◇ 四种典型管理模式的特点 ◇

　　不同的团队，根据领导者管理特点的不同，以及团队具体条件的不同，选择的团队管理模式也不尽相同。

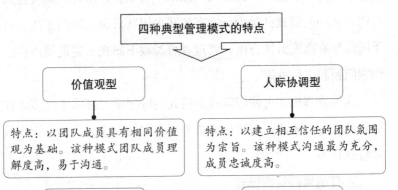

价值观型

特点：以团队成员具有相同价值观为基础。该种模式团队成员理解度高，易于沟通。

人际协调型

特点：以建立相互信任的团队氛围为宗旨。该种模式沟通最为充分，成员忠诚度高。

任务导向型

特点：以完成共同的任务目标为指导方针。该种模式以任务为考核重点，效率最高。

角色定义型

特点：以团队成员的角色定位为基础。该种模式成员职责最明确，任务达成率高。

团队就是力量……

　　一盘散沙难成大业，握紧拳头出击才有力量。任何一个团队，成员之间必须团结一致，才能无往不胜。

会造成对运作的误解。

3. 人际协调管理模式

正如我们所理解的，人际协调管理模式强调的是团队工作中的人际特征。暗含的观点是，利用人们相互之间的足够了解，让团队有效运作。其原则是开放而公正地对关系、矛盾、"地下议程"进行讨论，产生一种互相信任的气氛并建立有效的团队。

4. 角色定义管理模式

团队管理以角色定义为基础，倾向于强调将团队成员的角色和角色期望进行归类，每个团队成员都可以列出他认为应由别的成员来做的事，然后团队成员聚在一起讨论他们的清单，并且商议相互间的要求。商议结果会被写下来由双方签字认可。

这种团队管理模式虽然仍以诚实和公正为基础，但与人际协调法有很大不同，它的焦点在于自己做什么和别人要做什么。

如何培养团队精神

团队精神不仅能激发个人的能力，而且能激励团队中的其他人，鼓励团队中的所有成员发挥潜力、探索和创新。如何培养？需要从以下几个方面着手。

1. 培养团队成员树立远大目标

明确、具体、可行的企业发展目标，是员工最好的航向。目标越明确、越具体，由此激发出的团队动力也就越大。俗话说，对于没有目标的航船来说，什么风都不是顺风。假若你要别人跟随你，你就必须有远大的目标，而且要把这个目标建立在下属的心里。

2. 培养团队成员的向心力

据说以面谈为职业的人，都是在事先调查过对方的资料之后，根据此资料，再找出谈话的内容的。一个杰出的面谈者，必须都了解此诀窍。

有的人性格内向，不易在第一次见面时就与人坦诚交谈。但是如果对方与自己具有亲戚关系，或都是校友、同乡等，那么即使是第一次见面，也往往会表现出友好的态度。从心理学角度来看，使对方与自己的心理连在一起的作用称为"促进彼此信赖的关系"。而寻找与下属的共同点，便相当于此种"促进彼此信赖的关系"。这种共同点越多越好，而且关系越近越有效果。例如出生地、毕业的学校、性格、类似的遭遇等，只要能找出二三项，就不难加强团队内成员的向心力。

事实上，若要找出彼此的共同点并不困难。就出生地而言，对于是否在该地出生并不重要，只要是曾经在当地住过，即可成为谈话的资料。然而，如同校毕业者、同乡形成一个交流圈时，则多半会引起其他人的反感及排斥，此点应加以注意。

3. 让团队成员充满自信

要想使你的团队团结，必须先培养成员的自尊心。要为自己团体感到骄傲，就必须让他们觉得他们是同行中最好的团体的一分子。就是说，假若你的团队成员是一群生产汽车零件的工人，那你要使每个人都感到他们是在生产世界上最好的汽车；假若你的团队是从事咨询顾问工作的，那么你就应该让他们感觉自己是在世界上最好的顾问公司工作。不管你从事哪个行业，全都可以应

◇ 团队凝聚力是团队存在的必要条件 ◇

团队凝聚力是指团队对成员的吸引力，成员对团队的向心力，以及团队成员之间的相互吸引，团队凝聚力是维持团队存在的必要条件。

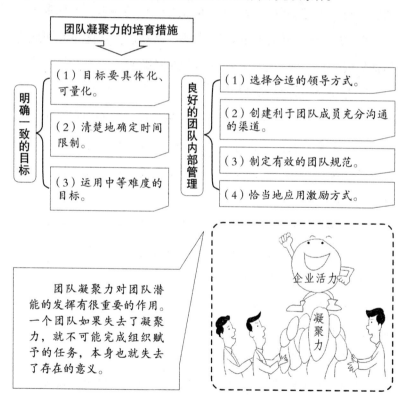

团队凝聚力的培育措施

明确一致的目标
（1）目标要具体化、可量化。
（2）清楚地确定时间限制。
（3）运用中等难度的目标。

良好的团队内部管理
（1）选择合适的领导方式。
（2）创建利于团队成员充分沟通的渠道。
（3）制定有效的团队规范。
（4）恰当地应用激励方式。

团队凝聚力对团队潜能的发挥有很重要的作用。一个团队如果失去了凝聚力，就不可能完成组织赋予的任务，本身也就失去了存在的意义。

企业活力

凝聚力

用这项原则，必须让成员感到自己是在同类最好的团体中工作。

4. 将"伙伴优先"原则放在第一位

如何有效建立与增进团队之间合作无间的精神呢？

首先，你要有"伙伴优先"的想法。当你把"伙伴"放在第一优先位置时，其成效是相当惊人的。当追随者受到你的鼓舞感召时，他们藏在心底深处的无限潜能和爱心就会快速地爆发出来，那么他们所做的任何事情，都将相当杰出和完美。如果你的团队成员，负责提供高品质服务的工作给他的顾客，当你真正把"伙伴"放在第一优先位置时，你就可以永远不必忧心忡忡地害怕他们说一套，做一套，不把顾客放在眼里了。

5. 培养团队成员的默契感

作为团队的管理者，你固然要让每位成员都能拥有自我发挥的空间，但更重要的是，你要用心培养大家，破除个人主义，要有整体搭配、协调一致的团队默契，同时努力使彼此了解取长补短的重要性。

如果能真正做到这一点，自然就能凝聚出高于个人力量的团队智慧，随时都能造就出不可思议的团队表现和成绩来。

毕竟合作才会产生巨大无比的力量。因此，经常教导成员，让其了解相互依存、依赖支援才能达成任务，是管理者责无旁贷的重要职责。

6. 培养成员的归属感

希望别人怎样待你，你就要怎样对待别人。你也许认为这句话只能用在宗教和道德行为上。其实这和良好的管理也有极大的关系。为什么？因为人们不愿意跟随漠不关心他们待遇的管理者。

玫琳凯称这句话为"管理的金科玉律"。她不但身体力行，而且建议每位管理者都这么做。总之一句话，什么使得你与众不同？你是否认为你比别人要强得多，所以要求与众不同的待遇？假若你是这种想法的话，那你最好改变一下想法，不然永远没有人会乐意跟随你。

解决冲突的通用方法

面对团队中的冲突，有几种通用的方法可借鉴：

1. "冷却"制怒。在激化的矛盾面前，一时又不好解决问题的情况下，作为冲突双方要理智地控制自己，冷静地思考；作为主要管理者要设法"冷却降温"，而后再"釜底抽薪"。运用这种方法的核心是制怒。

2. 协商解决法。又叫交涉与谈判法。主要由双方派出代表通过协商解决冲突，双方的意图是澄清差异，求同存异。在以下情形下运用这种方法较为有效：卷入冲突的双方都受过解决问题的技巧培训；冲突双方有着共同的目标；冲突原因是双方缺乏交流或仅仅是因为有误解。但这种方法对价值观不同或目标各异的人无效。

3. 双方适度退让。管理者个人发现自己在冲突中处于理亏地步时，应该有正视错误的勇气。然而在冲突中主动退让是很难的，特别是在职务相当的管理者之间。这时就需要管理层或威望高的管理者出面调解，迫使冲突双方各自退让一步，以达成彼此可以接受的协议。

◇ 管理团队冲突的方法 ◇

一般来说，团队成员之间的冲突，团队与团队之间的冲突往往会对企业的发展造成巨大的影响，很多企业就是由于对这方面冲突的解决不利，导致各自为战，最后企业失败。

解决团队成员冲突的方法

1. **交涉与谈判**——将冲突双方召集到一起，找出分歧的原因和解决方案。

2. **强制**——借助组织力量或领导权力，强制解决冲突。

3. **激发冲突**——人为故意制造团队与团队、成员与成员的冲突。

4. **预防冲突**——加强信息公开和成员沟通，尽量减少冲突的发生。

鲇鱼效应

海上捕捞沙丁鱼时，往往因为回途遥远而死亡。

渔夫常在槽中放置鲇鱼，借由沙丁鱼的求生本能而延长沙丁鱼的寿命，进而保持新鲜度。

过于融洽、和谐的组织容易对变革表现出静止和迟钝，使组织缺乏生机和活力，适当的冲突反而有利于组织的健康发展。"鲇鱼效应"就非常直观地显示了适当的冲突可能带来的积极效果。

4. 竞争决胜。这种处理手法适合以下情形：需要迅速行动当机立断；冲突双方均认可强权关系。采取这一策略的弊端：冲突的真正起因得不到解决；另外，还需考虑输者的情感，他们一有时机就可能报复。

5. 黄牌警告。对冲突不止，且日趋加剧的双方，在批评教育的基础上，采取一定的行政手段和组织措施，如民主会诊、责令检查和"最后通牒"等出示黄牌警告的方法。

6. 自我补偿。管理者个人意见被管理层否定后，管理者个人为了缓和心理冲突，可以改变原有的意见和主张，提出新的认识、可能被大家接受的意见或主张来补偿。管理层则应慎重考虑这种新的意见和主张，尽可能使管理者与管理层取得一致性意见。

7. 回避矛盾。指的是一个人可能意识到了冲突的存在，但希望逃避它或抑制它，使其不了了之。这种方法的有效范围是，冲突起因不过是些琐碎小事；冲突双方缺乏双赢协商技巧；冲突带来的潜在利害关系得不偿失；没有足够的时间。这种方法的不足之处是，只能暂缓人们直接面对面冲突，而无法主动化解。

8. 设置更高目标。以目标来带动双方，促使双方为达到更高的目标而将精力主要集中在任务执行上，而不是彼此的矛盾上。

应当说明的是，这八种处理冲突的方式对个人来说，各有各的好处，在特定情况下，无好坏之分。

第八章

制度管理：

制度管人，流程管事

重视制度才能卓越

制度非常重要，下面这个故事就充分说明了制度的作用。

很久以前有五个和尚住在一起，他们每天都分食一大桶米汤。但是因为贫穷，他们每天的米汤都是不够喝的。一开始，五个人抓阄来决定谁分米汤，每天都是这样轮流。于是每星期，他们每个人都只有在自己分米汤的那天才能吃饱。

后来经过研究，他们推选出了一位德高望重的人出来分。然而好日子没过几天，在强权下，腐败产生了，其余四个人都想尽办法去讨好和贿赂分汤的人，最后几个人不仅还是饥一顿饱一顿，而且关系也变得很差。然后大家决定改变战略方针，每天都要监督分汤者，把汤一定要分得公平合理。这样纠缠下来，所有人的汤喝到嘴里全是凉的。

因为都是聪明人，最后大家想出来一个方法：轮流分汤。不过分汤的人一定要等其他人都挑完后，喝剩下的最后一碗。这个方法非常好，为了不让自己吃到最少的，每人都尽量分得平均。在这个好方法执行后，大家变得快快乐乐、和和气气，日子也越过越好。

◇ 制度化管理的优点 ◇

制度化管理是指单位治理中强调依法治理，法制规章健全，在管理中到处都有规章制度约束。制度化管理因其有诸多的优点，在众多企业中备受推崇。

制度化管理的优点

1. 可形成一个统一的、系统的行为体系；

2. 能发挥整体优势，使企业内外更好地配合；

3. 为员工能力的发挥提供了一个公平的平台；

4. 有利于员工了解工作流程，使工作更顺畅；

5. 有利于员工的自我发展，明了工作的标准。

制度是保障大家的利益……

公司管理制度是公司为了规范自身建设，加强企业成本控制、维护工作秩序、提高工作效率、增加公司利润、增强企业品牌影响力，通过一定的程序所制定出的管理公司的依据和准则。

同样的五个人，不同的分配制度，就会产生不同的效果。所以一个单位如果没有好的工作效率，那一定存在机制问题。如何制定好制度，是每个领导需要考虑的问题。

　　著名的施乐公司老板曾骄傲地说："施乐的新产品根本不用试生产，只要推出，就有大批订单。"这是为什么呢？原来，他们开发出的任何新产品都运用了一种统一的管理模式。这种模式以用户需求为核心，共有产品定位、评估、设计、销售四个方面三百个环节。通过反馈信息以及对大量数据的不断调整，使产品一经面市就能满足用户的需求。正是凭着一整套行之有效、科学严密的管理程序，百余年来，施乐公司始终是世界文件处理方面的领头羊。

　　如果企业缺乏明确的规章、制度和流程，那么工作中就很容易产生混乱。很多企业都会遇到由于制度、管理安排不合理等方面造成损失的情况。有的工作好像两个部门都管，但其实谁又都没有真正负责，因为公司并没有明确的规定，结果两个部门彼此都在观望，原来的小问题就被拖成了大问题，最终给公司造成了极大浪费。更可怕的是，缺乏制度会使整个组织无法形成凝聚力，缺乏协调精神、团队意识，导致工作效率的低下。

　　制度对于企业来说，其根本意义在于为每个员工创造一个求赢争胜的公平环境。所有员工在制度面前一律平等，他们会按照制度的要求进行工作，会在制度允许的范围内努力促进企业效益和个人利益最大化，从而使各个团队在良好的竞争氛围中实现绩效的突飞猛进。制度为员工的行为画出了规矩方圆，使员工知道哪些行为是被允许的、哪些是被禁止的。

英国前首相丘吉尔曾说，"制度不是最好的，但制度却是最不坏的"。远大空调董事长张跃说："有没有完善的制度，对一个企业来说，不是好和坏之分，而是成与败之别。没有制度是一定要败的。"在今日竞争激烈的商业社会，制度才是克敌制胜的根本之道。对于任何企业管理者而言，要创一番大业、成一代企业家，一定要多琢磨一下那句老话"无规矩不成方圆"，一定要完善制度和标准，锻造企业制胜的"秘密武器"。

但需要提醒管理者的是，企业制度制定后，并不是一成不变的。任何制度的确定都很难一次做到完美，在执行的过程中还应根据市场的需要和商业环境的变化，而进行不断调整。如果在执行过程中，发现问题，要及时对制度进行修订，使制度更加完善。

管理者首先以身作则

柳传志在很多场合说过："企业做什么事，就怕含含糊糊，制度定了却不严格执行，最害人！""在某些人的眼里。开会迟到看起来是再小不过的事情，但是，在联想，确是不可原谅的事情。联想的开会迟到罚站制度，二十年来，没有一个人例外。"

业务员小张，被公司派往联想集团工作一段时间。第一天，刚进公司的时候，一位部门经理接待了她。寒暄之后，他郑重地告诉小张说："你虽然是公司之外的人，但你既然来到本公司，在你工作的这段时间里，一切就按联想公司的人员看待，因此也希望你遵守公司的一切规定。"

小张说："那是自然，入乡随俗。这样大的公司，没有制度不成席吗？"

部门经理介绍了一些规定之后，最后提醒小张："联想成立以来，有开会迟到罚站的制度，希望你注意。"他的语气很严肃，但小张却没有太在意。

一天下午，集团办公室通知所有中层干部开会，也包括小张这些驻外业务代表。小张临时接了个电话，忘了时间。等小张想起来时，已经迟到了三分钟。她刚走进会场，就发现大家出奇地安静，这让她有点不自在。后来看见会场后面有个座位，她打算轻手轻脚地进去，以免打扰大家。

"请留步，按规定你要罚站一分钟，就在原地站着吧！"会议主持人站在会议台上，向她认真地说道，小张的脸顿时一片潮红，只好原地站着。总算是熬过了世上最难熬的一分钟，会议主持人说："时间到了，请回到座位上去。"接着大家继续开会，就像什么也没发生似的，而小张如坐针毡。

会后，部门经理找到她："小姑娘，罚站的滋味不好受吧！其实你也别太在意了，以后注意就行了，我也罚站过，柳总也曾经罚站过。""老总也罚站啊？"她有点惊讶。"自从联想创建后十多年来无一人例外地遵守这个规定。有一次电梯出了故障，柳总被关在里面，那时手机还不流行，没有人知道他被困在电梯里，他叫了很长时间才有人把他弄出来，他也只好认罚。'开会迟到罚站一分钟'也算是联想一种独有的企业文化吧。"部门经理对她说。

柳传志有一句很有名的话：做人要正！柳传志是这么说，也是这么做的。在联想的"天条"里，就有一条是"不能有亲有疏"，即领导的子女不能进公司。

柳传志的儿子柳林毕业于北京邮电大学计算机系，后在美国哥伦比亚大学攻读了硕士学位，在联想投资公司实习了半年。在联想，高管子女禁止进公司是一条铁律，柳传志不让他到公司来。因为他担心，员工的子女们进了公司，再互相结婚，互相结合起来，将来想管也管不了。现在柳林自己单干做投资业务。女儿柳青，毕业于北京大学计算机系，在哈佛大学拿到了硕士学位，也跟联想没有关系。

作为企业的领导者，倘若不能自律，就无法以德服人、以力御人。所以好的管理者懂得：要求下级和员工做到的事，自己必须首先做到。柳传志从来都是把服从规章制度作为自己也必须做到的事。这样我们就不难明白，为什么联想在柳传志的带领下，由一个只有20万元的企业发展为今天有上百亿元的大企业，成为中国电子工业的龙头老大，柳传志成为一个具有崇高威望的企业领导人。这一切与他的以身作则和高尚的品格是分不开的。

著名管理学家亨利·艾伯斯说，上级领导的职责是把下级的行为纳入一个轨道，有利于实现组织目标。但亨利·艾伯斯没有告诉我们，如何把下级的行为纳入轨道。上面有关柳传志的故事回答了这个问题，它包含两个步骤：制定统一规范的制度，并强有力地执行它。

如果员工表现优秀并做出贡献，联想对他们有提高奖金、提升职务职称、提供出国学习、工作等方式的奖励，而对犯错误或违反制度的员工给予批评、扣发奖金、退交人事部甚至开除等处罚。

由于公司的正气引导和纪律约束，锻炼和造就了一支纪律严明、团结协作、朝气蓬勃的联想员工队伍。正是柳传志以身作

◇ 领导力来源于以身作则 ◇

领导不仅是制度的制定者更是一切制度的遵守者、维护者。领导力来源于领导的以身作则。

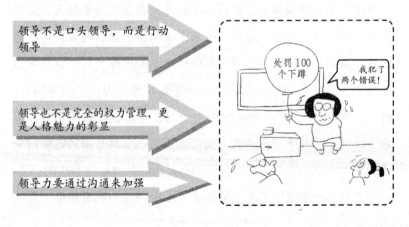

领导不是口头领导，而是行动领导

领导也不是完全的权力管理，更是人格魅力的彰显

领导力要通过沟通来加强

则，联想的其他领导人都以他为榜样，自觉地遵守各种有益于公司发展的"天条"，才使得联想的事业得以蒸蒸日上。

灵活是最好的运用

制度化管理并不意味着死板与僵化，如果制度的刚性与管理的柔性不能有效结合，企业制度很难发挥最大的效益。

春秋时期，晋国有位叫李离的狱官。有一次，在审理一件案子时，李离由于误听了下属的一面之词，结果将一个犯人错判致死。后来案情真相大白后，李离决定以死赎罪。

晋国国君很看重李离，就劝说他："官有贵贱，罚有轻重。这件案子主要错在下面的办事人员，又不是你的过错。"李离回答道："作为国家的狱官，要保证国家法律的公正。既然我犯了错，就违反了制定的法律。为了保证以后法律的有效实行，我不能打破这个规矩。"说完之后，李离就伏剑自杀。

制度的建立，是为了保证企业日常管理的规范。有制度，就要执行。企业的管理中，保证制度的刚性是根本。李离以死赎罪，体现了其对国家法律制度的刚性支持。晋国法律得到了有效维护，晋国的国力也因此大为增强。

然而制度并不是一成不变的，时代与环境发生变化，制度本身也要随之变化。

有一位军官到炮兵部队视察士兵的训练情况，在操场上他发现了一个奇怪的现象：一个士兵站在大炮底下，一动也不动。军官走到他的面前，问：你站在这干什么？这个士兵敬了军礼后，大声地回答：报告长官，这是我的岗位。军官感到奇怪，没听说大炮底下要站个人啊，就又问：谁命令你站在这里的。士兵的回答是：炮兵操练手册上就是这样规定的。

军官感到更为不解，就命人找来炮兵操练手册。原来，这个手册的内容没有与时俱进，其制定的规定还是遵循着马拉大炮时代的规则。在那个年代，大炮都是放在马车上，发炮时，士兵需要站在大炮底下死死把住马车不要滑行，防止马车在大炮的后坐力作用下位置发生变化，增加下次瞄准的时间。

显然现在的大炮已经不是在马车上了，这一规定已经不合时宜。这个故事体现出制度的天然缺陷。企业与企业环境总是会随着时间的推移而不断发展变化的，制度也得适应这个变化，才能发挥好作用。因此，管理者必须时刻注意企业的规章制度，发现不切实际或不合情理的要及时纠正。一个好的规章制度，必然是不断修改不断完善的。制度要顺应变化，这也要求管理者在企业管理上要具有灵活性。

2001年8月，清华同方在将产品打入西安大学校园时，遇到了一个问题：所配的部分产品零件与当地的环境不匹配。技术人员却无法予以更换，因为公司有"不允许使用其他企业零部件"的规定。如需解决，还要向总部报告，总部又要花时间去评估和研究。这样耗费大量时间，致使当地客户怨声不少。

这时，负责当地市场的一位公司副总，当机立断，下令打破原有规定，用其他企业的零部件代替部分不匹配产品，问题很快得以解决。这位副总及时调整了公司的管理制度，表面看似乎是打破了制度的刚性，实际上灵活的管理手段，更好地维护了制度。

清华同方规定"不允许使用其他企业的零部件"，其目的是保证产品质量与服务质量，防止各地的售后服务部门用质量差的

◇ 刚性制度，灵活应用 ◇

凡事变则通，通则久，过度僵化的制度可能导致企业失败，因为企业无法灵活地应对外界环境变化。

太极告诉我们，世界无不变之理。制度是人制定的，也会产生盲点，随着时空的变化及经验的累积，要靠人不断地修改、提升。

灵活应用制度的有效方式

1. 通过制度安排，为每个管理岗位充分授权

2. 避免官僚主义，减少审批环节和流程

3. 营造一种创新和改善的文化

4. 提升收集内外部信息传递和处理的效率

5. 学习并运用新知识，了解最新发展趋势

零部件损害顾客的利益。因此，这个制度的目的是保证产品质量，维护顾客利益。而对制度的调整，更能有效确保目标的实现，管理上的灵活性就与制度的刚性得到完美的结合。

对于制度的刚性与管理的灵活性，管理者在企业管理中要注意两点：一是制度应该让执行者有一定的自主权，使其能够按照制度的目标来处理某些例外情况，这也是管理的"例外原则"的精义所在；二是要让制度的执行者对企业的理念有深刻的认识，为了企业的理念，能够灵活地处理例外情况。清华同方的那位副总对事件的处理，就充分体现了他对公司理念的认同，而不是"死守"条文，不知变通。

任何制度都是有条件的，因而就要求管理者在实际操作中，要懂得灵活运用。近于义的守信，近于恭的守礼，遵守尺度又不失灵活度，这就是《论语》里，告诉管理制定与执行管理制度的基本原则。

成就理想的组织体系

制度化管理是依靠正式权威来进行管理的管理方式。

正式权威来自组织机构中对管理者地位和权力的正式规定。在这种形式下，管理者拥有组织授予的奖惩权，可以对管理者工作的不同情况，决定给予奖励或惩罚。它建立在强制力的基础上，是法的权威，不是人的权威。

而非正式权威是来自个人所具有的特殊品质，如个人在某方面的专长，或非凡的组织领导能力等，具有这种品质的某个人可以将众人吸引到自己的身边，服从其管理。非正式权威是建立在对个人的忠诚关系上的，只是对个人负责。

组织的各项工作，归根结底都要落实到组织中的每一位成员，由他们来执行，而人有其自身的弱点和不足，易主观，因此，需要在组织中制定各种规章制度来规范人们的行为。制度化管理的优越性也正体现在这里。

具体来说，与传统的权威管理相比，制度化管理具有以下优越性：

1. 体现理性精神和合理化精神。体现理性精神和合理化精神，是制度化管理的主要指导思想。制度化管理是以理性分析研究制定的管理规章和制度为基础，是一种不徇私情的管理体系。在典型的制度化管理中，存在着一套有连续性的规章制度网，涉及管理过程的许多方面。它规定了各种活动应怎样进行，特殊情况应怎样处理等，并给每项工作确定了清楚的、全面的、明确的职权和责任，从而使组织运转和个人行为尽可能少地依赖个人。

2. 保证组织取得良好的经济效益。在进行组织内部分工协作的基础上，明确规定组织内部各个部门和各个成员的责任，把组织的经营目标往下层层落实，一直落实到每个成员。制度正是这样为组织的经营活动取得良好的经济效益来提供基本保证的。

◇ 制度化管理较传统权威管理的优越性 ◇

　　制度化管理的基础是制度，而传统权威管理的基础是人。前者的领导者具有法定的权威，比较客观理性。而后者的权威主要来自领导的个人魅力，主观性强。

制度化管理较传统权威管理的优越性

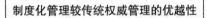

制度化管理

1. 分工明确，职责分明

2. 目标可以分解到个人

3. 个人与权力分离，防止主观误判

4. 管理科学化，流程规范化

5. 营造公平公正的环境

6. 适合现代组织发展需要

传统权威管理

1. 分工不明，职责不清

2. 目标模糊，工作无重点

3. 个人和权力一体，管理受个人偏好影响

4. 无规章约束，流程混乱

5. 人情化管理严重

6. 不适合现代科学管理的需要

　　员工的价值有多高，企业的价值就有多高。聪明的领导者总会努力提升员工价值，而不是一心想着提升自己的权威。

3. 分离个人与权力。在制度化管理中，职务是职业，不再是个人的身份，所有管理行为都来自规章、制度的规定，管理权威集中于规章和制度，而不是控制在某个人手中。在规章制度面前每个人都享有同等的地位，从而排除了个人偏好或专断的影响，确保个人与权力的分离。制度化管理摆脱了传统管理的随机、易变、主观、偏见的影响，具有比传统管理优越得多的精确性、连续性、可靠性和稳定性。

4. 提高组织的管理水平。制度化是提高组织的管理水平的重要手段之一，一套科学合理的规章制度，提供了管理的依据，能使组织的管理得到改善和加强，从而不断提高组织的管理水平。

5. 增强成员的工作积极性。制度具有公正性，能公平地对待每一位成员，真正体现个人的劳动成果，根据每位成员的劳动给予客观公平的相应报酬，因而制度化管理是调动组织成员积极性的一个有效方法。它把每位成员的报酬与其所做的贡献紧密地联系起来，改变了过去干好干坏一个样的状况，也使在考核成员的贡献时更加客观公正，因而能极大增强成员的工作积极性。

6. 适合现代组织的发展。早期传统的管理由于过分依赖个人和裙带关系、人身依附关系，采用任意的、主观的、多变的管理方式，所以不适合现代组织管理的要求。现代组织由于规模大、内部分工细、层次多，所以更需要高度的统一，需要有准确、连续、稳定的秩序来保证各机构间的协调一致，从而从不同的侧面保证组织管理目标的实现。

制定制度必须遵守的十大原则

管理者在制定各项制度时，不但要确保制度的正确性，更重要的是要保证制度在实施时能被成功地执行。为此，制定制度不能草率。制定管理制度要符合以下十大原则：

1. 让当事人参与的原则

让当事人参与制度的制定是制定制度的一个重要原则。如果这个制度是针对整个组织的，就要尽量使组织的全体成员都参与到制度的制定中，如果只是针对某个工作流程而制定的制度，则需要请相关的成员参与进来。一般的做法是由起草人经过认真调查之后，起草制度的草案，将该草案公布于众，让大家进行讨论和修改，并由起草人收集意见进行修改。对于重点的当事人，起草人要个别征求他们的意见，并做认真的记录和总结。

要注意的是在收集到的意见中，会有 80% 的意见是重复的或不可行的（对这些意见要向提出人做耐心的解释），只有 20% 的意见真正有作用。但这种让当事人参与讨论制度的形式不可缺少，因为这种参与的形式比参与的结果更加重要。

虽然让当事人参与会让制定制度变得复杂，但却会对今后制度的执行减少很多障碍。人本能地会对约束他的东西产生反感，而制度恰恰是约束人的东西。让成员参与到制度的制定中，可以减少这种反感，因为人都不会讨厌自己的劳动成果。

2. 简明扼要的原则

制度是针对所有当事人的，所以制度本身的语言描述应该尽可能简明、扼要、易懂，并且不产生歧义，让所有的当事人都可以轻松地理解。另外，制度不必非常缜密和完备，首先，因为这样会损害制度的简明性和易懂性，不利于制度的执行；其次，每位成员都对制度有基于常识的认识和理解，而这些常识性的东西并不必在制度中面面俱到。

◇ 制定制度时的注意要点 ◇

制度是被用来实际应用的，必须能有效执行才行。因此，管理者在制定制度时不能凭空想象，必须要注意一些要点，方能让制度切合实际需要。

制定制度时的注意要点

1. 广泛征求意见，让制度被更多人理解接受

2. 制度要简明扼要，切忌过于繁杂

3. 制度制定必须以公平公正为原则

4. 从实际需要出发制定制度

5. 制度必须具有可执行性

6. 制度必须有利于员工工作的开展

什么管理手段嘛！太缺乏人性了。

快跑，再慢就又要损失二百元了。

制定出的制度必须要有可执行性，没有可执行性的制度还不如没有制度。

3. 不求完善但求公正的原则

在制定新制度时，很难做到一次性制定得非常完善。随着组织的发展和管理水平的提高，可能还要不断地进行修改和充实。制定制度是为了执行，所以制度一定要适合组织。在制度执行的过程中，可能会因为制度本身的不完善和不合理而出现一些问题，但这些不应该影响制度的公正执行。比起制度的完善性，成员往往更加关心执行制度的公正性，所以对于制度的制定者来说，应该比关心完善性更加关心执行的公正性。

4. 系统和配套的原则

制度要全面、系统和配套，基本章程，各种条例、规章、办法要构成一个内在一致、相互配套的体系。同时，要保证制度的一贯性，不能前后矛盾、漏洞百出，避免发生相互重复、要求不一的情况，同时要避免疏漏，要形成一个完善、封闭的系统。

5. 从实际出发的原则

从实际出发是制定制度必须遵守的重要原则。制定制度要从组织的实际出发，根据组织的构成内容、工作对象、管理协调的需要，充分反映各项组织活动的规律性，体现组织的特点，保证制度具有可行性和实用性，切忌追求时髦，流于形式。

6. 重视员工的工作习惯的原则

懒惰是人的一大天性，没有人会主动更改自己熟悉的工作方式，所以在制定制度时，一定要认真分析现有的工作流程和工作习惯。在达到目标的原则上，要尽可能地继承原有的流程和习惯，这样才能有效地保证日后制度的执行。

7. 以需要为依据的原则

制度的制定要以需要为依据，即制度的制定要从需要出发，而不是为制度而制度。需要是一项制度制定与否的唯一标准，制定不必要的制度，反而会扰乱组织的正常活动。如有些非正式行为规范或习惯能很好发挥作用，就没有必要制定类似内容的行为规范，以免伤害员工的自尊心和工作热情。

8. 具有先进性的原则

制度是一个组织的"骨架"，先进的制度有利于组织的正常运营，因此，制定制度一定要从调查研究入手，总结本组织的经验，同时吸收其他组织的先进经验，引进现代管理技术和方法，保证制度的先进性。

9. 采取措施、改造习惯的原则

新制度的执行过程就是改变成员工作习惯的过程。管理者应该很清楚地认识到该制度的执行会带来哪些工作习惯的改变，这种改变成员是否可以接受，接受的程度是多少。根据具体情况，管理者必须采取一些辅助措施来加强对员工工作习惯的改变，比如在新制度执行时，进行制度培训，或进行频繁的抽查和监督等。

10. 具有可操作性的原则

制度必须具有可操作性，否则就失去了制定制度的意义。要想使制度易于操作，最好在制度中明确操作方法。另外，要写明制度的原则，这样便于对特殊情况进行处理（最好能规定出解释权的归属部门）。

潜规则不能代替制度

我们生活的运行，经常受到潜规则的支配，而不是遵循正式制度。而这种在实际上得到遵从的规矩，背离了正义观念或正式制度的规定，侵犯了主流意识形态或正式制度所代表的利益，因此不得不以隐蔽的形式存在，当事人对隐蔽形式本身也有明确的认可。

西方管理理念中，企业潜规则属于组织行为学的范畴。管理大师赖特指出，规则是在组织中，一种被两个人或者两个以上的人共同认同的态度、观念、感受、行为，来指引他们的日常工作，规则可以是正式的，也可以是非正式的。相对于公司愿景使命、发展策略、企业文化、规章制度的显规则，潜规则属于"非正式"的规则。它的形成有以下四个因素：

1. 企业中重复多次很难改变。

2. 企业过去情况的延续。

3. 企业发生重要事件形成潜规则。

4. 企业高层领导非正式设定的潜规则。

之所以存在潜规则，是因为人性不能用所有的规则全部设定出来，对不同的人性要实行不同的管理方法，领导力能起到潜移默化的作用，不可能有一种规则去应付它，无论最高决策者还是普通员工，都在遵循着自己行为规则中不言自明的信念，他们的行为都离不开人性与利益两把标尺。

这就造成了有些人喜欢按"潜规则"办事，比如有的人常常不是规范自己的行为，而是习惯去找关系"通融"，借权力"放行"。而一个执掌规则的人，只有学会网开一面、下不为例，才被认为"会处事""会做人"。真正讲原则、守规矩的人，却被讥

◇ 如何规避潜规则 ◇

潜规则是相对于明文颁发执行的显规则而言的。潜规则的广泛存在，是对制度化管理的极大挑战，只要有潜规则存在，制度化管理就难以真正建立。

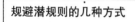

规避潜规则的几种方式

领导以身作则，拒绝法外施恩

加强制度学习，让员工充分理解掌握

建立制度检查部门，严格监控

制定奖惩措施，违规者绝不留情

有利于工作的潜规则可使其制度化

这潜规则什么时候浮出水面啊？

潜规则对企业这艘大船来说就如隐藏在水下的冰山，一不注意就有被撞沉的危险。

为死板、迂腐，不懂变通。于是，在有些人心里，规则可以灵活掌握，法律富有弹性，秩序可以随意调整。

在很多企业中也一样，市场竞争越来越激烈，基于制度、管理安排不合理等方面的原因，造成某项工作出现真空现象，好像两个部门都管，其实谁都不管，出现问题又纠缠不休，互相扯皮，推诿责任，使原来的有序反而变成无序，造成极大浪费。

因此，一个有效的管理者应该分析造成无序的原因，努力抓住主要矛盾，建立完善的管理制度，并且很好地执行，使无序变为相对有序，从而整合资源，发挥出最大的效率。

没有规矩，不成方圆。法律和规则是社会运行的基石，也是企业盈利的根本，规章制度松懈，执行力度不够，是一个问题的两个方面。这都直接破坏了企业的正常运行，助长了员工偷工减料、懒散松懈的工作作风。

每一个企业的管理者，尤其是一线的执行者，都应该着力培养自己的规则意识和法制意识。须知，良好的规章制度和执行到底的作风是企业发展和盈利的基本保证。

制度不排斥任人唯亲

任人唯亲即是以情感的亲疏为选人标准。情感是人们对事物的深度体验，或者说，是人对客观事物是否符合人的需要而产生的深度体验。情感的体验是产生情感时自己主观的感受。这感受是从认识过程产生的。例如，对一个人的情感产生与对他的认识和评价。

人们交往频繁，有共同的信念，接近的兴趣、个性，对问题的深度相同，在思想感情上就融洽，关系就比较密切。当然，情感对认识也会有反作用。例如，某一领导者对某一位求职者接触较多，彼此感情融洽，往往易产生偏爱。这种偏爱就有可能造成对他产生片面的认识，对他的行为不能公正评价，只看到优点，看不到缺点，而无原则地加以选用。

许多人认为肥水不流外人田的观念是中国文化的特点，这种文化特点导致了人们普遍的近亲心理。在近亲心理作用下，亲情总是大于做人原则。这样，决策者以血缘关系作为用人的标准，致使组织家族化的倾向。

人事上的近亲繁殖，扭曲了用人标准，压抑了人才成长和能量的释放，导致山头林立、内耗严重、管理混乱，最后导致组织目标不能实现，组织崩毁。典型的例子是美籍华人王安的电脑王国的覆灭，而泰国华人的正大集团，由于在人事决策中避免了近亲繁殖，在剧烈的竞争中立于不败之地。

其实，"任人唯亲"本来没有什么不好。你是老板，你想用你的家里人，这别人管不着。但是常常因为一个企业用的都是家里人，让外聘的管理者无法管理，使得企业内部制度涣散，管理混乱，以致造成企业出现一些无法弥补的大问题。所以"任人唯亲"要看你用的人到底是不是真的"亲"，如果亲到足够对企业用心，那这种"亲"还是用得的。

但是如果用的人不是真的"亲"，没事就制造内讧，或是带走客户、资金独立门户，那对企业来说可是伤筋动骨的大事了。像国内有名的一家企业发生的父子之争，还有国际上著名的某化妆品公司的兄妹反目，还有许多诸如此类的事情。

◇ 制度化管理下没有特殊员工 ◇

制度化管理要想贯彻到位，必须遵循"法无二出"的原则，不给特殊群体以特殊权力，所有员工必须一视同仁。

特殊员工的存在对制度化建设的影响

违反了公正原则，打击了员工积极性

各自为政，企业内耗严重

职责不清，工作效率低下

制度难以执行到位，成了空文

员工晋升渠道受阻，导致人才外流

经营成本上升，影响企业发展

所谓上行下效，如果大领导有特权，小领导也会要求特权，这样一来，人人有特权。如此，制度化便成了空谈。

这对企业老板来说无疑是不愿意看到的，所以对于亲属，更要用制度来约束。古代尚有"王子犯法与庶民同罪"，难道到了现代倒可以不予计较了吗？如像迟到早退一类的小事尚可原谅，那么一旦影响到企业全局的发展，再用制度来约束就来不及了。

必须兼具软硬两手

奖赏是正强化手段，即对某种行为给予肯定，使之得到巩固和保持；而惩罚则属于反强化，即对某种行为给予否定，使之逐渐减退，这两种方法，都是管理者驾驭下属不可或缺的。

管理者运用这些手段时，必须掌握两者不同的特点，适当运用。一般说来，正强化立足于正向引导，使人自觉地去执行，优越性更多些，应该多用；而反强化，容易造成对立情绪，故要慎用，将其作为一种辅助手段。

对违反规章制度的人进行惩罚时，必须照章办事，该罚一定罚，该罚多少即罚多少，来不得半点仁慈和宽容。这是树立管理者权威的必要手段，西方管理学家将这种惩罚原则称为"热炉法则"，十分形象地道出了它的内涵。

管理者必须兼具软硬两手，实施起来坚决果断。奖赏人是件好事，惩罚虽然会使人痛苦一时，但绝对必要。如果执行赏罚之时优柔寡断、瞻前顾后，就会失去应有的效力。

管理者运用批评、惩罚手段应更富有技巧性，应牢牢掌握三字诀，即惩罚要做到"稳、准、快"。

（1）稳。采用强硬手段惩罚一个人，也是要冒风险的。这主要是因为被惩罚者有时有良好的人际关系，有时掌握着关键技术信息等。

这时就要慎重行事。惩罚不当终会带来抵制和报复，因此应先想到后果，能够拿出应付一切情况的可行办法。

（2）准。批评、惩罚都要直接干脆，直指其弱点，直刺痛处，争取一针见血。

有时某人总是犯同样的错误，或者代表一类人的错误，这时的惩罚一定要选准时机，待其犯错最典型、最明白、最有危害时进行，这时切忌无事生非，不明事实；也切忌小题大做。这才会做到让受罚人心服口服，也才会真正让众人引以为戒。

（3）快。一旦看准时机，下定决心，便要坚决果断，毫不留情。切忌犹豫不定，反复无常。

"即使不得不解雇某人时，也并不因强烈的内疚而变得犹豫不决。"这是一些杰出管理者的经验。这样做，也是在向众人显示，我们的做法是完全正确、适宜的，对这种做法我们决不后悔，充满信心，这是最好的选择。

要加强对下属的约束，须有强化纪律的书面规范，保证下属受到公平的对待，避免一时冲动而对他们进行严厉的惩罚。强化纪律有以下四个阶段：

◇ 运用"热炉法则"推进制度化管理 ◇

　　热炉法则：又称惩处法则，规章制度面前人人平等。它是将惩罚作为管理的一种基本方法，当一个组织的行为准则的底线被突破的时候，必须给予恰当的惩罚。

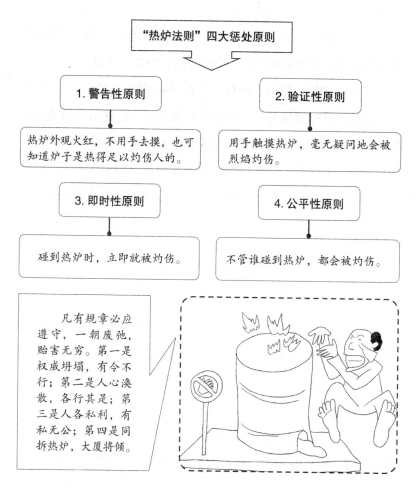

"热炉法则"四大惩处原则

1. 警告性原则

热炉外观火红，不用手去摸，也可知道炉子是热得足以灼伤人的。

2. 验证性原则

用手触摸热炉，毫无疑问地会被烈焰灼伤。

3. 即时性原则

碰到热炉时，立即就被灼伤。

4. 公平性原则

不管谁碰到热炉，都会被灼伤。

　　凡有规章必应遵守，一朝废弛，贻害无穷。第一是权威坍塌，有令不行；第二是人心涣散，各行其是；第三是人各私利，有私无公；第四是同拆热炉，大厦将倾。

第一次犯错，口头警告。下属必须知道他们哪里错了。你要记下给他们警告的时间、地点和周围环境。

第二次犯错，书面通知他们，并警告说下次犯错误会受罚，扣工资或者换工作。这封警告信一式三份，一份给犯错误的成员本人，一份给上司，一份存档。

第三次犯错，临时停止工作。根据你们达成的协议和错误的性质及程序，给予长短不同的停职时间，停发一切报酬。

第四次犯错，降职、降级，或者调换工作、开除。上述惩罚中，调换工作是最常见的，因为这样既可减少解雇给他们造成的打击，又可以使自己减少一个问题户。实际上，整个组织并没有因你的这一行为获得任何好处，除非你确认他的表现不佳，确系工作不对，换一个工作会使他干得更好，否则不要轻易这样做。调换工作部门之后，你要将该人的资料全部移交过去。

坚决维护制度的公正性

管理者只有坚决维护制度的公正性，制度才能真正落实到位，企业才能逐渐树立起制度意识，即使在没有监督的情况下也能顺利运行。当然，冰冷的制度并不排斥人情。这样，会使员工更具积极性。

狄仁杰担任的大理丞，相当于最高法院的法官，掌管着国家刑法大权。他在此任上的事迹被后人编撰成精彩的传奇故事，这也是"神探狄仁杰"称号的由来。虽然这些故事许多都是编造的，但狄仁杰在任期间不徇私枉法，坚决维护法律公正的精神却丝毫不假。

狄仁杰在担任大理丞时绝不徇私枉法，为维护法律尊严，甚至不惜犯上直谏。

一次，左威卫大将军权善才、右监门中郎将范怀义两人误砍了昭陵（唐太宗墓地）的柏树，按照当时的法律论罪，最多是将两人免官，但唐高宗却下旨将他们处死。

身为大理丞的狄仁杰据理力争，认为权善才、范怀义罪不当诛。高宗一听，火冒三丈："他们两人砍了昭陵里的柏树，让朕落了个不孝的罪名，必须杀了他们！"朝廷大臣见皇帝在气头上，纷纷暗示狄仁杰不要再继续顶撞。

狄仁杰却毫不让步，坦然对高宗说："皇上，有人说，自古以来顶撞君主的人都没有好下场，但臣并不以为然。在夏桀、商纣时代或许如此，而在尧、舜时期则不然。臣庆幸自己生在尧、舜一样的时代，不怕皇上听不进去我的良言相劝。

"汉朝时期，有一盗贼窃取了高祖庙里的玉环，文帝大怒，将盗贼交付廷尉张释之惩治。张释之按盗宗庙服御判处当诛，上奏文帝。文帝怒不可遏，斥责道：'人无道以至于此，竟敢盗取先帝明器！我交付廷尉，欲判他灭族之罪，而你却拘守成法，这有违我尊崇宗庙的原意。'张释之免冠磕头说：'法令该如此判处，今以盗宗庙器而灭族，假使万一有个无知愚民挖取长陵

◇ 必须维护制度的权威性 ◇

"法不严则不力，治不严则无获。"有了制度不执行，违反制度不追究，造成的后果比没有制度更严重。只有让违规者为自己的违规行为"买单"，才能维护制度的权威性。

维护制度权威性的手段

一是严肃追究干扰破坏制度的行为。

二是严肃追究不执行制度的行为。

三是加大对违规行为的惩罚力度，杜绝违规现象。

规章制度

令无威则不行，当制度失去了它的权威性，也就失去了对员工的约束力。

上的一锹土，皇上将如何惩治呢？'文帝终于认识到廷尉的判处是恰当的。

"今依照大唐法律，权善才、范怀义并没有犯下死罪，陛下却下旨要将二人处死，法令如此反复无常，以后还怎么治理国家呢？你现在为了昭陵上一棵柏树而处死两位大臣，后世之人将如何评价陛下呢？"在狄仁杰晓之以理的劝谏下，高宗最终免了两人的死罪。

681年，司农卿韦弘机在洛阳修建了华丽的宫殿，唐高宗想移住洛阳。狄仁杰上奏弹劾韦弘机，指出他的错误在于使皇帝生活腐化，会将皇帝引入歧途。高宗遂免了韦弘机的官职。

左司郎中王立本是朝廷的一位秘书，他倚仗皇帝的宠爱，在朝廷横行霸道，大臣们都不敢得罪他。只有狄仁杰上奏弹劾王立本的罪行，但唐高宗却下旨宽恕了王立本。狄仁杰再次上奏说："朝廷虽然缺乏人才，但也不缺少像王立本这样的人，陛下为什么为了宽大他而违反国家的法律呢？如果陛下一定要宽恕王立本，那么就先把臣流放到荒野之地，以警告朝廷的忠贞之士。"高宗最后将王立本依法治罪，满朝文武都佩服狄仁杰的胆量和勇气，对他肃然起敬。

不难看出，高宗时期的狄仁杰是以一个净臣的面目出现在历史上的。他的犯颜直谏犹如太宗时期的魏征，他的铁面无私与刚正不阿几乎让高宗下不了台，也对高宗的统治助益良多。当然，他并非一味刚直，在处理民政时也会给予适当的宽厚。

有一次，狄仁杰奉命巡视岐州，在路上遇到数百逃亡的士兵抢劫老百姓的财物，人们非常恐慌，四处逃散。地方官府拘捕了一部分士兵，并严刑拷打，有的甚至被折磨致死。狄仁杰看到这种情况，对地方官员说："这种办法不对，若是把他们逼得走投无路，就要发生灾祸。因此，最好的做法就是对他们进行宽大处理。"

　　于是，岐州官府张贴了布告，声称抢劫财物的士兵只要投案自首，官府可以宽大处理，已被抓获的士兵只要说明了情况，当场释放。很快，这些士兵都主动前来官府自首，一次大的灾祸得以避免。这件事传到朝廷，高宗非常高兴，连声称赞狄仁杰办事得体、为政宽厚。

　　这件小事已经初步显现出狄仁杰对迂与直的合理把握，为此后他在武周政权中立足并顽强生存奠定了基础。

第九章

绩效管理：

以结果为导向来考核

弄清各方成功的前提

很多管理者都知道，绩效管理是通向成功的工具，那么了解企业、管理者和员工的成功需要些什么东西，是我们理解有效的绩效管理系统应该是什么样的系统的前提之一。

1. 企业成功的需求条件

企业的成功必须具备下面五个因素：

（1）企业需要有协调内部各部门的手段，以便使它们都向着共同的目标努力。

（2）当问题出现时，企业需要找到问题的解决办法，以便尽早发现问题或阻止问题的发生。不管是个人的问题（员工缺乏必要的技能），还是系统的问题（工作流程设计失误或是太官僚），都必须尽早发现并解决。

（3）企业必须遵守有关员工雇用方面的法律规定，以便得到法律的保护。

（4）在做重要的人力资源决策时，企业需要有获得信息的途径。如谁应当提升，哪些领域的知识需要培训等。

（5）企业需要不断地提高员工的素质，以使企业更具竞争力。

2. 管理者成功的需求条件

企业管理者成功需要的条件主要有以下六点：

（1）管理者需要掌握下列信息：企业正在做什么，哪些方面运行很正常，哪些方面运行不正常，计划和项目完成的情况怎么样等。

（2）管理者需要掌握每个员工的工作状况，以及如何才能帮助他们进步的信息。如果绩效太差，管理者还需要知道为什么会出现这个问题。

（3）与企业一样，管理者也需要一些手段，使每位员工都向着共同的目标而努力，并协调他们的工作以实现这些目标。

（4）为了让员工感受到激励和尊重，管理者需要有鞭策先进和帮助每位员工进步的手段。

（5）管理者需要有机会将他对员工的工作期望告诉员工，哪些工作重要、哪些工作次要，以及员工们自己可以做哪些决策。

（6）管理者需要有记载绩效问题的途径。原因有两点：一是如果管理者不能准确地掌握绩效问题，他们就不能帮助员工进步。二是管理者可能被要求提供有关绩效低下或违反劳动纪律的准确数据，以证明纪律行动的正确性。

3. 员工成功的需求条件

员工们要想很好地完成本职工作需要以下条件：

（1）员工们要知道企业希望他们做什么，何时做，做到什么程度。如果连这些都不知道，他们是无法成功的。

（2）员工们需要经常的、具体的有关他们工作绩效情况的信息反馈。他们要知道哪些地方他们做得很好，哪些地方还需努力。如果他们不知道哪些方面需要保持、哪些方面需要改进，就不可能做得更好。

（3）员工们需要知道他们的工作与其他人的工作、本部门的任务以及公司总的使命和目标之间的关系。因为感觉到自己的工作是大目标的一部分以及帮助实现这个大目标的责任感对员工有激励作用。

（4）员工们需要在确定或重新确定他们的工作任务时以积极的角色出现。因为第一，这样做对他们有激励作用；第二，员工们特别是那些有经验的员工比别人更了解他们的工作，而且一般情况下他们最清楚如何消除他们成功道路上的障碍。

（5）员工们需要知道他们权力的大小。当他们知道哪些决策他们自己可以做、哪些决策需要与别人一起做以及哪些决策需要经理层来做时，他们工作会更加自信。员工了解这些以后，有助于决策过程的加快。

（6）员工们需要有提高技术和成长的机会。如果给员工学习新知识、运用新知识的机会，员工通常会保持较高的积极性而且不会轻易离职。

◇ 有效的绩效管理让各方实现共赢 ◇

绩效管理对于提升企业竞争力有巨大的推动作用，没有有效的绩效管理，组织和个人的绩效得不到持续提升，组织和个人就不能适应激烈的竞争，最终将被市场淘汰。

绩效管理的作用

| 1.绩效管理促进组织和个人绩效的提升 | 2.绩效管理促进管理流程和业务流程优化 | 3.绩效管理保证组织战略目标的实现 |

末位淘汰制

绩效管理强调组织目标和个人目标的一致性，强调组织和个人同步成长，形成"多赢"局面。

标准稍多优于稍少

对于企业绩效管理系统，制定明确的绩效标准，是不可或缺的一个环节。

1.绩效标准设定的目的

第一，引导员工的行为达成既定的工作标准。国际知名的专家、美国管理协会会长杰姆士·海耶士曾说，如果企业切实地与员工一齐建立起绩效标准，并且说明了企业对他们的要求，那么即使企业从不考核他们，也仍然是桩值得的事，因为大多人都会想做好工作使企业能够接受他们。

第二，奠定公平考核员工的基准。除非建立清楚的绩效标准，否则，将无法确保绩效考核的公平和公正。有效的绩效标准乃是根据工作而来，因此考核的标准应是可以达成的、易于了解的、明确且能衡量的。

员工应参与制定他们自己的绩效考核标准，标准能定得恰当，员工能受到鼓舞而努力去达成甚至去超越标准。如意见不能协调一致，企业应做最后的决定。

2.绩效标准的特征

绩效标准与绩效目标不同，目标应是为个人而不是为工作所制定，而目标的典型特征是必须具有挑战性。因此，一个主管其下有多人从事相同的某项工作，他应该只制定出一套工作标准，但对每个部属可能设有不同的目标，该项目标应依据个人的经验、技术和过去的表现而有所不同。例如，对一个普通的部属，其工作目标也许就是与工作标准相同；但对一个优秀的部属，工作目标或许超出工作标准甚多。一般而言，有效的绩效标准具有下列特征：

（1）标准是基于工作而非基于工作者制定的。绩效标准应该依工作本身来建立，而不管是谁在做这项工作。例如，秘书与领班就是有多人担任的职位，但其工作的标准应该只有一套，而非针对每个工作的人各制定一套。

（2）标准是可以达成的。本项特征与前述定义有直接关系，意指所有在职的员工实际上都应该能达到这些标准（可能的例外是新任员工尚在学习阶段，执行标准需在试用期满后方能适用）。大多数绩效标准在实际的情况下应该是每一个员工都能达到的，而且应有许多人都达到125%的水准。

（3）标准为人所知。主管及员工对标准都应该清楚明了。

（4）标准是可以改变的。因为标准需经同意并需切实可行，因此在必要时就应定期评估并改变。但这种变动的原因应该是因新方法的引进，或因新设备的添置，或因其他工作要项发生了变化，除此之外，工作标准不应该仅因为员工无法达成而给予轻易变更。

（5）标准经过管理者及执行者双方同意。绩效标准必须经过高层管理者、绩效审核者及部门执行主管的共同调整，没有经过双方同意的绩效标准会减低它的效果。因为由营业部门所提议的

管理学越简单越实用
GUANLIXUE YUEJIANDANYUESHIYONG

◇ 绩效标准必须公平合理 ◇

绩效考评标准就是对员工绩效进行考核的标准和尺度。标准既要达到评价的各项目的，又要为被评价员工普遍接受。因此，在制定评价标准时，应满足一些要求。

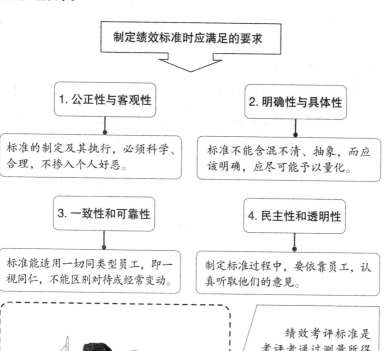

制定绩效标准时应满足的要求

1. 公正性与客观性

标准的制定及其执行，必须科学、合理，不掺入个人好恶。

2. 明确性与具体性

标准不能含混不清、抽象，而应该明确，应尽可能予以量化。

3. 一致性和可靠性

标准能适用一切同类型员工，即一视同仁，不能区别对待或经常变动。

4. 民主性和透明性

制定标准过程中，要依靠员工，认真听取他们的意见。

绩效考评标准是考评者通过测量所得到的衡量各项考评指标得分的基准。衡量绩效的总原则有两条：是否使工作成果最大化；是否有助于提高组织效率。

绩效标准不一定能顾及整体的需求，而高阶主管的意见则容易忽略执行细节与实施的困难，所以一定要综合两方的意见，寻求兼顾双方的平衡点。

（6）标准是具体而且可以评估衡量的。绩效标准必须能加以数量化，无法量化的标准在审核时，会引起不必要的困扰及争端，如果衡量的标准是以个人意见或以经验来衡量，结果一定会因为不容易计算而使员工产生不满或困扰的情绪。

（7）标准有明确的期间限制。绩效标准应该附带明确的记录期间，以便提供评估审核。比如以每个月的销售额作为绩效评估的标准，一方面可以对以前同时期的数字进行比较，另一方面也可以对未来的同时期预估进行调整。

（8）标准有助于持续性改善。它必须要能对下一次的评估有对比的效果，这样才有意义。如果没有持续比较的功能，只能适用于专案类的特殊事件，并不适合一般的绩效标准。

3. 绩效标准的制定

因为标准要清楚且要彼此同意，所以让员工参与制定绩效标准是顺理成章的事情。此外，希望借员工的参与来激励他们达成甚至超过标准，协助订立标准可能使员工有较多和较高的工作承诺。

假设某项工作只有一个人在做，当然管理者应与该员工合力制定绩效标准。如果该工作有一个以上的人在做，则全体或起码应有一组代表参与制定绩效标准，此点与选定工作要项的步骤大致相同。当意见出现分歧时，管理者必须做出最后决定。当然，管理者应尽力使该项标准公平合理。让员工参与订定绩效标准，有如下三种途径：

（1）管理者先考虑所有因素，暂拟标准，再与员工讨论而至达成协议。管理者需倾听员工的意见并愿意接纳好的建议。

（2）员工们先暂订标准再送予管理者，取得同意。管理者应先告知员工，其所订标准并不一定就是成案。

（3）管理者、员工分头拟订标准，再进行相互比较讨论，最终达成共识，并统一结论。

第一种方式的功效最差，因为员工可能不敢不苟同管理者的意见，而且管理者在暂立了标准之后常常变得失去耐心，或者一味地强词夺理。要使第一种方式变得有效，管理者必须营造一种气氛使员工们轻松表达不同的看法，同时使员工相信该标准是可以商榷和更改的。

第二种方式相对于第一种方式来说，效果应好一些。因为该方式将大部分责任放在员工身上，而易使员工们产生向心力，愿意达成甚至超越标准。

第三种方式应该是最佳的，因为两方面都付出相当的时间与精力来制定合理的标准。特别是经过彼此讨论之后，应可产生最好的工作标准。

4.绩效标准的数量

这个问题与"要有几个工作要项"相似，并没有一个肯定的数字可以解答，也并不是概括地说完全依工作而定。实际上，决定标准多寡，主要还是看管理者觉得需要多少标准才能清楚说明他寄望员工的是什么。假设两个标准能够办到（比如说量与质两项），那么两项就足够了；如果需要十页或二十页才能说明，那么标准也就是十页、二十页。

绩效评估和绩效改善

绩效评估不仅仅是评估工作，也是一个解决问题的机会。如果发现了某个问题，不管是某一位员工没有达到预定的目标，还是一个部门没有完成任务，最重要的工作就是找到原因。不找到原因，就无法阻止它的再次发生。

例如，某员工的几个指标没有完成可能是多种原因造成的。例如，技术水平不够，工作不够努力，没有组织好，有时也许同员工本人没有任何关系，而是企业内部有人不提供必需的资源，缺少原材料，抑或是管理者本人都不清楚应该做什么。因此，问题分析非常重要，而且它应该渗透到绩效管理整个过程的每个环节中。

一旦发现了绩效低下的原因，管理者和员工就需要共同努力排除障碍。而且管理者还需担当辅导员，帮助员工提高知识和技能，从而达到改善绩效的目的。

这个过程之所以重要，在于许多管理者评价员工时，都是在得出员工的工作在某些方面有差距的结论后，接着就将这个结论告诉员工，让员工自己去想如何解决这些问题。他们认为改善绩效完全是员工自己的责任。这是一个误区，也是一个很现实的问题。

大多数员工希望进步。有时他们需要一点儿帮助，聪明的管理者知道，在辅导方面做点投资对大家都有益。因为一个员工绩效的改善对企业内部各环节都有帮助，这一点说明改善绩效是大家共同的责任。

◇ 重视绩效评估的作用 ◇

绩效评估是对员工的工作行为和结果进行的评价。对组织而言，是任务在数量、质量及效率等方面完成的情况，对员工而言，是上级和同事对自己工作状况的评价。

绩效评估的作用

1. 为最佳决策提供了重要的参考依据

2. 为组织发展提供了重要的支持

3. 为员工提供了一面有益的"镜子"

4. 为确定员工的工作报酬提供依据

5. 为员工潜能的评价以及相关的人事调整提供了依据

绩效评估是发现问题的途径，也是解决问题的前提。

不同的人有不同的绩效改善的方法。关键的一点是，绩效改善贯穿于全年的工作。它可以作为评价过程的一个环节，但它们在管理者和员工就绩效问题进行交流的任何时候都适用（比如在定期会谈时或员工大会上等）。

在改善过程中，除了要找到预防问题发生的办法外，如果有必要，还可以做一些文档。例如，跟踪辅导过程，记录下管理者帮助员工提高绩效的办法。再比如，在诊断问题时，画一些流程图或做一些基本记录，这些东西也许在将来就有用。有些时候，改善过程中可能会产生提高绩效的书面行动计划，也就是对问题和需要采取的步骤的简要描述。

做完年度绩效回顾和系统中的其他环节后，管理者又要开始重新计划。有了上一年度工作绩效的讨论结果，即哪儿进行得好、哪儿进行得不好、为什么会这样管理者都清楚了，这样管理者在做下一年度的计划时就应该考虑这些问题。

需要重视的几对关系

绩效管理系统的建立、完善和发展，需要处理好以下几个方面的关系。

1.绩效管理与战略计划

许多公司都有一些展望未来的方法。公司级的战略计划可能包括公司总的宗旨、存在的意义及长期目标等最重要的内容。长期的战略计划随后又分解成许多年度计划。

绩效管理是如何同它们联系的呢？组织的长、短期目标要逐级地分解为各小部门和个人的目标和任务。这种将公司目标转换为个人责任的过程，正是通过绩效计划过程来完成的。这个过程将每个员工的工作同公司的目标相连。

除此之外，当管理者在做计划的时候，如果知道有哪些障碍影响成功的话，自然是最棒的事。绩效诊断就能提供这方面的信息。管理者对潜在的障碍认识越深，就会对消除它们有越充分的准备。

2. 绩效管理与激励手段

绩效管理手段必须获得激励手段的良好支持才能充分地发挥作用。但是绩效不应仅与工资和奖金挂钩，那样会使员工认为实行绩效管理就是涨工资或减工资。应使激励的手段多样化，如员工个人能力的发展，让他们承担更多的工作责任，获得职位的提升，以及获得公开的精神奖励等。随着资本市场的成熟和规范，还可以尝试股票期权等激励方式。

为保持并提升企业的竞争力，有效的管理绩效低下的员工可能更为重要。如 GE 实行严格的 ABC 管理法，规定必须有 10% 的员工为 C 类，这些人会被降职或淘汰。在海尔，通过考评将员工划分为优秀、合格及试用三类，并将三类员工的比例保持在 4∶5∶1，试用的员工必须设法提高绩效，否则必将会被淘汰。还有一些企业采用末位淘汰制。这些做法均是市场竞争的残酷性

◇ 优秀绩效系统应具备的特征 ◇

绩效管理系统对企业发展非常重要，有效的绩效管理能激发员工的工作潜能、使组织运转通畅、促进组织长短期目标的完成；无效的绩效管理则会带来很多问题。

优秀绩效系统应具备的特征

1. 绩效管理通过恰当的激励机制发生作用

2. 正激励和负激励要平衡使用，不能走极端

3. 绩效管理体系是站在公司战略发展的角度设计的

4. 绩效管理体系是站在提高组织和个人绩效的角度设计的

5. 系统的绩效管理需要企业具有相对完善的管理体系

6. 系统的绩效管理需要公司具备较强的执行力

7. 绩效考核注重结果考核和过程控制的平衡

8. 绩效管理注重管理者和员工的互动和责任共担

9. 体现以人为本的思想，使员工和组织得到同步成长

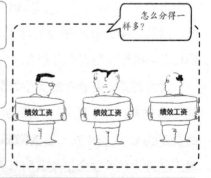

绩效管理的立足点在于激励，没有激励作用的考核机制一定是失败的。

在企业内部的反映，管理者必须正视绩效不良员工的管理问题，使绩效管理制度真正地运行起来。

3. 绩效管理与绩效指标

管理者往往对绩效管理制度有一种不很现实的期望，希望通过指标体系的设计，将所有的工作过程和任务量化，以此减少管理人员在考核过程中的主观因素，达到绩效考核的公正和公平。绩效管理的指标体系很难实现全部的定量化。例如对于销售人员，尽管可以直接用销售额去衡量其业绩，但是考虑到企业的长期战略目标，对销售人员开发新客户的能力，与客户沟通的效果，服务客户的态度及水平的定性评价也很重要。对于一些依靠知识、经验及技能从事创造性工作的员工，如研发人员，定性的评价可能比定量的考核更重要。

任何一个好的管理制度，都不能替代优秀的经理人。管理者应当承担起而不应是逃避绩效管理的责任，对员工的绩效做出客观公正的、定性与定量相结合的评价。

4. 绩效管理与预算过程

做预算是公司的一项核心工作，绩效管理以两种方式同它联系。首先，公司的预算对员工完成工作职责时能做什么和不能做什么会形成一些制约。绩效管理是确保员工了解这些限制因素的理想途径。

另外，绩效管理的有关研讨过程也会为制定预算提供信息。例如，在制订绩效计划时，管理者和员工发现了完成一项工程的技术障碍。由于事先发现了这个问题，他们就可以追加预算，购置新设备以确保工程完工。

5. 绩效管理与企业信息系统

绩效管理体系对企业的管理信息系统有较强的依赖性。例如按照平衡计分法的绩效管理模型建立的指标体系，需要处理大量的财务、运作流程及市场的数据，并使信息在企业内部快速地流动，才能使绩效指标及时地反映企业的经营状况，提高经营绩效反馈和调整的效率，缩短企业响应市场变化的时间。

但是这并不意味着不具备良好信息系统的企业就不能建立绩效管理体系。企业仍然可以借鉴平衡计分法的管理思想，根据发展战略，确定关键业务环节进行绩效控制。

加强对管理者的考核

对管理者的考核是绩效考核的核心。怎样才能使管理者考核更加有效呢？明白考核工作的基本要求并且严格执行很重要。遵守这些基本要求会带来考核工作的高质量。做好考核工作的四项要求分别是：

1. 考核方法要可行

考核方法要可行是指考核的方法要为人们所接受，并能长期使用，这一点对考核是否能真正取得成效是很重要的。方法的可行与否，同方法本身的难易繁简有很大关系。要做到方法可行，要求如下：

首先，考核项目要适中，既不要太多，过于繁杂，也不要太少，达不到全面考核的要求。应根据各层次不同人员所在职位的重要性来确定。

其次，考核的结果要客观可靠，使人信服，这也是方法可行的一条重要要求。否则的话，不但起不到考核的积极作用，反而会产生消极作用。

最后，要明确所采用方法的目的与意义。人们只有了解了所

◇ 管理者的绩效考核重点 ◇

管理者是企业的导航者，其绩效的好坏直接影响企业的发展。因管理者的工作较为特殊，所以在对管理者进行考核时需要设定一些考核重点。

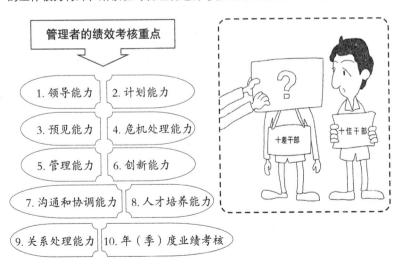

管理者的绩效考核重点

1. 领导能力　2. 计划能力

3. 预见能力　4. 危机处理能力

5. 管理能力　6. 创新能力

7. 沟通和协调能力　8. 人才培养能力

9. 关系处理能力　10. 年（季）度业绩考核

采用方法的真正意义，才会接受它，并自觉地配合，不会使之流于形式。马马虎虎、随随便便地填写鉴定表，比没有鉴定制度更具有潜在的危险性，因为这会不可挽回地损害一个人的一生的事业，因为错误的管理决策是由于基本情况失真所致的。

2. 考核指标要客观

考核是以考核的内容为基础的，在此基础上，需要设计一系列指标，才能具体地衡量管理者在各方面的工作绩效。指标设计的重要标准之一就是客观。要做到考核指标客观：

一方面，指标的含义要准确、具体，不能含糊不清，更不能用一些抽象的概念来作为衡量的标准。在实际工作中，许多企业在考核指标方面存在这方面的问题。

另一方面，指标尽可能定量化。考核指标可以分为定性指标和定量指标。在目前，考核指标中的定性指标较多一些，这是因为对人的考核不容易定量。但即使如此，我们还是要尽可能地将定性指标科学量化，以避免定性指标的较大程度上的主观随意性的缺点。指标的定量化，使一些数学方法得以运用到对人的考核之中，增加了考核工作的科学性和准确性。

3. 考核结果要反馈

考核的结果应该告诉被考核者，这是为了使被考核者能够及时知道自己的优缺点，知道自己在哪些方面做得比较好、在哪些方面还有欠缺，以便能在今后的工作中发扬长处，克服不足。此外，反馈也可促使被考核者通过别人的考核，对自己有一个正确的评价，例如自己有没有能力胜任工作？工作中出现漏洞或缺点，是由于自己知识和能力的欠缺所引起的，还是由于疏忽大意而引起的？如果是知识、能力的不足，能否通过培训来弥补？等等。

当然，考核结果的反馈需要较高的信息沟通技巧，一般来说，对一个人的评价既有优点也有缺点，优点的信息比较容易传递，而缺点的信息就不太容易传递了。因此，在考核结果的反馈中，一定要讲究沟通艺术，注意方式方法，使反馈能真正起到应有的作用。

4. 考核时间要合适

考核时间这个问题不可能有一个整齐划一的界限，因为组织内处于不同层次、不同职务的管理者的活动和要求以及与上下左右的关系等都不一样。因此，考核的时间也不可能相同。但是，考核时间的确定不能凭心血来潮，想什么时候考核就什么时候考核，而是应该预先有所规定。

具体确定考核时间的长短，需视其管理者个人情况以及职位的相对重要性而定。由于管理的效果总是要经过一段较长的时间才能表现出来，所以如果时间太短，则两次考核结果可能没有什么差别，而时间太长，则既不利于纠正偏差，也不利于鼓励工作出色的员工。一般来说，大部分企业为了方便起见，对各级人员的正式考核多是一年 1～2 次，对新选聘上来的人员考核次数要多一些，这是为了尽快了解他们的能力。

当前，由于环境变化和发展速度非常快，因此国外目前有一种增加对人员考核次数的倾向。这样做是为了尽可能多地获得有关人员的资料，作为人力资源管理的基础。同时，上级较多地进行人员考核工作，也有助于他们克服主观成见，增加他们对下级的了解。

评估中的敏感事件处理

在任何组织内部的绩效评估中，都会有敏感事情的发生。下面是一些评估工作中可能遇见的敏感事件，需要在进行绩效评估时给予高度重视。

1. 当员工误会管理者时

如果某个员工因偶然事件而受到过分的批评，他或她通常会认为这是对其有偏见。这时不要试图与员工争论，因为管理者否认没有偏见可能不会被接受。相反，试着承认在评估工作中有不对的地方，但是要准备好资料为自己解释。

比如，"小王，你为什么会认为我偏向小陈？如果我给你留下了那种印象，或许你可以帮助我找找原因。"小王可能会说："你让小陈做的工作都很简单，而我干的活都是别人不愿意干的差事。"那么管理者可以这样回答：

"我并不认为我给小陈的工作都很容易，相反我发现我让他做了许多需要集中精力才能完成的工作。当我需要立即完成某些事时，他似乎很容易做到。另外，我一直不知道是否应该让你做任何日常工作以外的事情，那是因为你的表现似乎让人觉得我在不公平地对待你。难道你不认为我在这方面依靠愿与我合作的人来完成工作是人之常情吗？或许你认为我偏向小陈是我的错，以后我会注意。但你是否可以也来承担这些重任？"

2. 机会是不是太大

假定一个实验室的二号分析员对你说："每次总结工作时，你总是说我工作做得不错。但是对我来说，这并没有带来任何好处。如果一号分析员不调动工作，那么我就只能拿现在工作的最高工资。我算是被钉住了。对我而言，所有的业绩总结都无异于在伤口上撒盐。"

管理者可以试着这样说："确实如此。我也认为让你排队等候机会是很难的。但是某些人总是错误地认为他们的升职只是靠他们的资历。我不希望你也陷入那个误区。如果再有更好的工作机会，我希望大家都能说你完全合格。你可以发现自己的弱点所在并且加以纠正。如果另一个人与你一样有能力，工作和你做得一样好，你就没有理由限制人家渴望获得一号分析员的愿望。或许你可以做一项选择，那就是跳到公司的另外一个部门。"

3. 对新员工的评估时间

不必等到正式的评估时间。只要新员工一出现问题，就要提出建设性的批评意见。发现业绩不好的原因，询问业绩未令人满意的原因，看这些是否是由遗忘、不精心、能力不够或未能理解预期的标准等因素造成的。提供给他们需要的任何帮助。对于新员工，管理者应该立即将谈话加以记录，送给他们一份备忘录并在他们的个人档案中放置一份副本。如果总是重复出现上述问题，可以立即与该员工面谈，并再次重申记录。否则，不良的开端可能造成一个员工难以令人满意但却要长久地待在你身边的情形。

4. 给员工较高的评价有无危险

了解自己在管理者心目中的位置对于业绩优秀的员工和成绩平平的员工都同样重要，如果管理者没有对优秀者表现表示认

◇ 绩效评估要坚持"五项注意"◇

评估过程中出现敏感性的问题在所难免，但是如果在实施评估过程中稍加注意，就会避免许多敏感性事件的发生。

评估过程中的"五项注意"

一、要注意评估方法的适用性

二、要注意评估员工的表现力

三、要注意评估标准的合理性

四、要注意提高员工的满意度

五、要注意评估过程的完整性

我们新员工为什么总是垫背的？

（未分级考核）

年度绩效评估方案出来后，在实施中会产生偏差或发现一些不合理的地方，这时就需按实情进行更正，使之更完善，对人力资源管理起到更好的帮助作用。

可，他们就可能认为："做好工作有什么好处？没有人会赏识的。"

5. 员工业绩不好怎么办

对待不好的业绩表现不要过于急躁。尤其要确保通过鼓励能够提高业绩。否则，他们可能认为他们的业绩不佳是管理者的错误而不是他们的错误。

给予他们的指导应该是："以前我们已经做过这个，在以前六个月里我已经特意给你指出你在哪些方面做得不够。还记得你上星期错误处理旋转装置，导致整个车间陷于困境的情景吗？在我看来，你似乎并不适合机械车间的工作。"但是不要强迫员工，以让他们保留自尊。通过总结自己所发现的满意或不满意的事情来结束讨论。

6. 员工虽经努力仍未达标怎么办

如果评估活动有缺陷的话，那就是管理部门为了使工作达标而迫使员工必须努力工作。但是事实上并不总是这样。许多因素都会影响员工的绩效。例如：

（1）员工被分配去做那些与他们能力不相适应的工作。它可能太难或太容易了。一个解决办法是将其转到另一个更适合的工作岗位上，或者重新设计工作以便给员工更好的职位。如某个员工可能无法处理好文件工作，那么说这项工作可以由其他人来完成。或某些工作对一位高智商的人来说太简单了，所需判断太少，可以通过重新分配工作，来为这个员工提供其发挥其能力的机会。

（2）员工可能未经过正确的培训。出现任何不良绩效时，管理者应该首先检查培训工作的情况，并和员工一起从头至尾总结工作程序上的问题，看是否把关键的东西忽略了。

（3）员工可能是工作压力的受害者。员工可能要尽力符合工作标准，但可能合作者不与其配合。为了改变这种情况，管理者要从整体出发去寻求改进或修正合作者状况的方法。

（4）员工可能基于体力或情绪的原因达不到工作的要求，那么由企业的医务人员做检查则很有必要。如果有家庭问题——离婚、死亡、重病——管理者可以试试咨询。管理者应该对其深表同情，但是对其不良绩效的容忍必须有个限度。

（5）管理方法可能也有错误。事情总是具有两面性。绩效不佳可能是由于管理者未能提供准确的标准、未能有效地培训员工或在问题发生前未予以帮助造成的。

图书在版编目 (CIP) 数据

管理学越简单越实用 / 谭慧编著 . -- 北京 : 中国
华侨出版社 , 2018.3（2019.11 重印）

　ISBN 978-7-5113-7373-1

Ⅰ . ①管… Ⅱ . ①谭… Ⅲ . ①管理学－基本知识
Ⅳ . ① C93

中国版本图书馆 CIP 数据核字 (2018) 第 015527 号

管理学越简单越实用

编　　著：谭　慧

责任编辑：馨　宁

封面设计：冬　凡

文字编辑：许俊霞

美术编辑：李丹丹

插图绘制：圣德文化

经　　销：新华书店

开　　本：880mm×1230mm　1/32　印张：8　字数：250 千字

印　　刷：三河市吉祥印务有限公司

版　　次：2018 年 3 月第 1 版　2021 年 2 月第 3 次印刷

书　　号：ISBN 978-7-5113-7373-1

定　　价：36.00 元

中国华侨出版社　北京市朝阳区西坝河东里 77 号楼底商 5 号　邮编：100028

法律顾问：陈鹰律师事务所

发 行 部：（010）58815874　　　传　真：（010）58815857

如果发现印装质量问题，影响阅读，请与印刷厂联系调换。